TRANSPARENT

Band 19

V&R

Christel Gottwals, geb. 1956, Studium der Theologie und Germanistik, war zunächst Gemeindepfarrerin, ist jetzt als Pfarrerin und Regionalmentorin am Theologischen Seminar Friedberg in der Ausbildung von Vikarinnen und Vikaren tätig. Die Autorin ist bekannt geworden durch ihre Morgenandachten im Rundfunk.

Christel Gottwals

Wie das Licht eines neuen Tages

Gedanken und Geschichten zum Besinnen

Vandenhoeck & Ruprecht
Göttingen · Zürich

Die Deutsche Bibliothek – CIP Einheitsaufnahme

Gottwals, Christel:
Wie das Licht eines neuen Tages : Gedanken und Geschichten
zum Besinnen / Christel Gottwals. –
Göttingen ; Zürich : Vandenhoeck und Ruprecht, 1995
(Transparent ; Bd. 19)
ISBN 3-525-01808-8
NE: GT

Umschlaggestaltung: Rudolf Stöbener

Umschlagabbildung:
Hans Gottfried von Stockhausen, Blüte 1978.
Überfangglas, Blei. 51,5 × 62 cm.

Printed in Germany
Schrift: Palatino
Gesamtherstellung: Hubert & Co., Göttingen
Gedruckt auf chlor- und säurefreiem Papier

Inhalt

9–10 Vorwort

Zeit – Räume

12–14 Nur eine Bleistiftskizze

15–17 Irgendwann im August

18–20 Herr Bender

21–23 Das ganze Leben

24–26 So ein Tippfehler

27–29 Einen Zahn loslassen

30–32 Allein für sich daselbst

33–35 Ich tanze mit der Zeit

36–38 Warten im Dunkeln

39–41 Der Glücksdrache

Grenzen – und darüber hinaus

44–46 Wie auf einem Stein

47–49 Unendlich

50–52 Liebe Sophie

53–55 Die Kiste auf der Mülltonne

56–58 Vom Rand in die Mitte

59–61 Er war doch der Meister der Farben

62–64 Lisas Bande

65–67 Scheinriesen

68–70 Großer Gott

Was wirklich hält

72–74 Windstärke 12

75–77 Böse Worte

78–80 Und wer hält Anna Berger?

81–83 Birnensegen

84–86 Sprich nur ein Wort

87–89 Wie der schönste Name der Welt

90–92 Ein Stückchen heimgekommen

93–95 Es ist genug

96–98 Mit dem würd' ich aufs Hochseil gehn

Sternstunde

100–102 Unterm Sternenhimmel

103–105 Erdbeeren – oder: umsonst ist auch das Leben

106–108 Das ist wie Weihnachten

109–111 Ins Nichts gefallen

112–114 Der Pfeilstern

115–117 Kleiner weißer Clown

118–120 Das Licht ist noch da

121–123 Rosen

124–126 Ohne Zahl, sovielmal

Für

Marie Jünger,

meine Großmutter

Vorwort

Irgendwann geschieht es, daß der Himmel aufreißt nach langer dunkler Zeit. Rundum ziehen graue Wolkenstreifen; ganz hinten ist es fast noch schwarz. Aber was tut's. An einer Stelle bricht helles Licht herein.

Die in dieses Licht sehen, sehen in eine andere Welt, in eine Lichtwelt hinter den Wolken. Diese Erfahrung haben viele Menschen gemacht. Deshalb soll sie Symbol dafür sein, wie ich von Gott reden und erzählen möchte, Symbol dafür, wie der, den Jesus von Nazareth auch Vater genannt hat, erfahrbar werden kann in unserer Lebenswirklichkeit.

Auch heute geschieht, was früher Menschen erlebt haben. In Bildern, Gedanken und Geschichten zeige ich auf, wie bei anderen und mir selbst »Licht eingebrochen ist«, ganz unspektakulär, fast nebenbei, sozusagen im Vorübergehen – und oft vielleicht weniger eindrucksvoll als in dem beschriebenen Naturschauspiel. Das hat der Prophet Elia schon viel früher erfahren, als er nicht mehr leben wollte. Und besonders in der Begegnung mit Jesus von Nazareth haben es Menschen erlebt – auf ganz unterschiedliche Weise – wie zum Beispiel dieser Petrus, der mit seinem Mund schneller war als mit seinem Herzen.

Das kann auch Lisa und ihre Bande erleben, die mit anderen Kindern kämpft –, und Herr Bender, der auf dem Balkon sitzt, weil es ihm nicht gut geht an diesem Morgen.

Elia hätte auch sein Leben beenden können, Petrus hätte ertrinken können, Lisas Bande könnte immer weiter kämpfen und Herr Bender könnte sich zusammenreißen und einige Tabletten nehmen. Aber das tun sie nicht. Sie alle nehmen auf ihre Weise auf, was ihnen entgegenkommt, den Boten in der Wüste, die Hand, die Jesus entgegenstreckt auf dem Wasser, das Gespräch mit der Lehrerin oder Erinnerungen und Gedanken, die sich zu einer wichtigen Erkenntnis verdichten. So leben diese Menschen da und dort weiter, was Jesus einst Menschen zugelebt hat.

Mitten in dieser Welt kann eine Welt aufscheinen, eine neue Möglichkeit des Lebens sichtbar werden.

Wo dieses Licht aufleuchtet, wird eine Hoffnung wach über alles Dunkel hinaus – und es wächst der Mut zum Leben.

Von dieser Hoffnung möchte ich erzählen.

Ursprünglich sind diese Texte für Morgenandachten im Rundfunk erarbeitet worden. Viele Hörerinnen und Hörer haben unermüdlich reagiert und auch den Wunsch geäußert, die Texte nachzulesen. Sie und andere Menschen, Freundinnen und Freunde, haben mich immer wieder ermutigt zur Weiterarbeit und auch zu diesem Band. Ihnen allen danke ich an dieser Stelle noch einmal herzlich.

Laubach, Januar 1995 *Christel Gottwals*

Zeit – Räume

Nur eine Bleistiftskizze

Eigentlich habe ich etwas ganz anderes im Sinn, als ich das alte Heft aus der Schublade ziehe. Aber dann fällt dieses Zeichenblatt heraus und segelt auf den Boden. Ich nehme es in die Hand, betrachte es genau und muß laut seufzen: eine Bleistiftskizze, eigentlich nur wenige Striche, der erste Entwurf für ein Bild, das ich malen wollte – vor vielen Jahren schon. Aber dabei ist es dann geblieben, bei diesem kleinen Entwurf, der gerade mal eben die Idee festhalten sollte.

Ob das noch jemals etwas wird, was ich hier angefangen habe? Wahrscheinlich nicht, denke ich jetzt, denn mir fällt schlagartig ein: da gibt es ja noch so vieles, was ich wieder aufnehmen und zu Ende bringen möchte – Pläne, Ideen, Entwürfe in Schubladen und anderswo. Dann gehen meine Gedanken immer weiter: Bücher zu Ende lesen, Gespräche neu aufnehmen, die irgendwann abgebrochen sind ...; ach, warum muß so vieles Stückwerk bleiben? Ja, ist am Ende denn alles nur bruchstückhaft, was wir Menschen tun? Nein, das stimmt nun auch wieder nicht. Manchmal wird doch auch etwas so rundherum fertig. Manchmal gelingt uns Menschen doch auch etwas *ganz*. Musikstücke gibt es, die klingen vollendet. Jeder neue Ton dazu, der wäre zuviel. – Ein Essen ist fein zubereitet. Jedes Gewürz, das jetzt noch dazukäme, würde den Geschmack eher verderben. Ja, manchmal gibt es auch Gespräche, in denen tatsächlich alles gesagt und gehört worden ist. Das ist wunderbar, aber keinesfalls selbstverständlich. Oft ist es ganz anders. Ein Mensch zu sein, das bedeutet eben auch: vieles bleibt unvollkommen, manches bricht ab und kann nicht mehr zu Ende gebracht werden.

Auch bei Jesus haben die Menschen das so erlebt. Manche haben gedacht: was hätte der noch alles fertigbringen können in seinem Leben, vollständiger machen können. Bücher hätte er schreiben können, klar zusammenfassen, was ihm so wichtig war. Und es hat bestimmt noch viele gegeben, die er hätte heilen können. Eigentlich hatte alles doch gerade erst angefangen ..., aber nein, zwei, drei Jahre wirkt er da und dort, dann bricht plötzlich alles ab. Anfang Dreißig – und sein Leben ist jäh beendet.

Er selbst ist damit gelassen umgegangen, daß er nicht *mehr* sagen und tun konnte, daß Angefangenes nicht mehr weiterzuführen war. Was er tat, tat er mit ganzer Hingabe, war ganz bei der Sache – mit allen Sinnen, mit seinem Kopf und seinem Herzen. So *genügt* das, was wir von ihm gehört haben, um zu erfassen, worum es ihm ging. Es ist ja doch klar geworden, was ihm wichtig war, welche Kraft sein Leben bestimmt hat. Er hat ganz darauf vertraut, daß *Gott* der ist, der vollendet, – daß es seine Sache ist, zu Ende zu bringen, wo wir abbrechen müssen, wo wir nur Bruchstücke haben oder auch mit leeren Händen dastehen.

Jetzt merke ich, daß meine Hände noch immer diese Bleistiftskizze festhalten. Ich sehe sie mir noch einmal an, diese wenigen, hingeworfenen Striche. Wieder muß ich seufzen, aber diesmal erleichtert. Dann lege ich das Blatt ins Heft zurück.

Ob ich das Bild jemals malen werde? Ich weiß es nicht, aber das bedrückt mich auf einmal nicht mehr. Es ist nicht entscheidend. Ich bin ja nur ein Mensch – und nicht Gott. Gerne möchte ich ganz bei der Sache sein, in kleinen und großen Dingen. Ich will das tun, was dran ist und mich nicht immer wieder quälen mit dem, was ich alles vollenden müßte. Das belastest so sehr und nimmt viel Kraft. Dann kann ich nicht mehr so ganz bei dem sein, was gerade gelebt werden muß. Ich bin ein Mensch. Menschen müssen manches auch lassen können, am Ende alles lassen können.

Ja, ich weiß, vieles wird nicht vollendet werden. Manches wird abbrechen. Ich bin nicht perfekt, habe keine unendlichen Kräfte und nur eine begrenzte Zeit. Irgendwann bricht mein Leben ab. Deshalb will ich alles Gott anvertrauen, denn er ist sozusagen Spezialist für Vollendung. Er kann auch meine angefangenen Werke segnen, meine Bruchstücke zu Ende bringen, mein gebrochenes Leben bei sich vollenden.

Und sollte irgendwer einmal diese Bleistiftskizze finden, wenn ich längst nicht mehr lebe, vielleicht wird er ja trotzdem erkennen, was mir daran wichtig war – auch wenn ich das Bild nie gemalt habe …

Irgendwann im August

Vom Fenster aus hatte ich ihn schon letztes Jahr gesehen, den älteren Bauern, wie er da am Rand des hohen Getreidefeldes steht.

Später hat er mir erzählt: »Irgendwann im August kommt auf einmal dieser Augenblick, den wir nicht verpassen sollten. Er kommt still, kündigt sich nicht an. Viele bemerken ihn nicht. Dann steh ich am Getreidefeld und weiß: ich habe alles getan für eine gute Ernte, vielleicht sogar zu viel. – Wer weiß …; aber Erntezeit ist noch nicht. Das ist dann der Moment, da kann ich gar nichts mehr sagen. Ich stehe da und denke dran, wie das im Frühjahr war. Ich bin doch immer gern bei den Ersten, die aussäen. Dann kommt eins nach dem andern: düngen – … Schädlinge bekämpfen – … zwischendurch Disteln stechen, wenn Zeit dazu bleibt … – doch jetzt kann ich nur noch still hier stehen, hinsehen …, kann nichts mehr tun.«

Die Erfahrung dieses Bauern erscheint mir kostbar. Ich versuche, sie weiterzudenken.

Nicht nur irgendwann im August, sondern irgendwann im Jahr kommt für Menschen eine Zeit, die sie nicht verpassen sollten. Eine lange Phase der Arbeit liegt hinter uns. Bis zuletzt sorgt man sich um dieses – und bringt jenes noch auf die Reihe.

Dann kommt ein Zeitpunkt, an dem ich loslassen darf. Die Früchte meiner Arbeit muß ich noch nicht ernten und weiterverarbeiten. Ich kann verreisen und alles einmal von einem ganz anderen Standort aus überblicken. Ich kann auch dableiben, aber innerlich sozusagen an den Rand treten, ... vielleicht lesen, was ich immer schon lesen wollte, ... vielleicht spielerisch mit Farben, Formen und Materialien umgehen. So vieles sehe ich plötzlich mit anderen Augen. Ich kann nur noch still dastehen – hinsehen – ... nichts mehr tun ...

Ich staune, wie das ist, wenn ich nicht mehr mitten drin stecke. Mir fällt auf, was da alles im Tumult der Arbeit untergegangen war. Wie oft hat mich doch ein unmenschlicher Zeitplan bestimmt. Ich bin nicht einmal auf die Idee gekommen, daß ich daran etwas ändern könnte. Plötzlich entdecke ich, wie wichtig das war, was mein Nachbar wie nebenbei zu mir gesagt hatte.

Nicht nur irgendwann im August, sondern irgendwann am Tag kommt für Menschen eine Zeit, die sie nicht verpassen sollten: ... am Abend, wenn ich aufgehört habe, etwas zu tun. Ich kann still werden ... und sehen.

... auch am Morgen, wenn ich gerade erwache, aber noch nicht genau weiß, was alles wird, ... wo ich noch nichts tue, noch still bin und schaue.

Nicht umsonst haben Menschen von jeher gerade diese Zeiten zu ihren besonderen Gebetszeiten erwählt. Hier wird ein ganz besonderer Raum geschenkt. Ich kann aus dem ganzen Alltagsgeschäft heraustreten, in das ich gewöhnlich eingebunden bin.

Natürlich haben wir die Freiheit, diese Zeiten zu übergehen, zuzuschütten mit neuen Aktivitäten. Es gibt immer etwas zu tun. Im Urlaub weiterschaffen, nur anders, das tun viele.

Und Freizeitangebote gibt es allemal genug, die mir gerne helfen wollen, diese Zeiten zuzuschütten. Sie bieten mir allerlei Trubel und Kurzweil an, damit ich leicht überhöre und übersehe, daß gerade wieder diese kostbare Zeit gekommen ist.

Aber mir bleibt dieses Bild vor Augen; ich sehe noch immer den Bauern, der da am Rand des hohen Getreidefeldes steht. Natürlich könnte auch er diese Zeit zuschütten. Auf einem Hof gibt es immer etwas zu tun. Aber er wartet auf diese Zeit. Und wenn sie da ist, gibt er ihr Raum, geht in sie hinein, kann stillstehen, hinsehen, kann nichts mehr tun.

Er hat eine Seite der Wirklichkeit entdeckt, in der er sich selbst begegnen kann, wie sonst nie.

Ich bin sicher, daß es besonders diese Zeiten sind, in denen Menschen auch Gott begegnen können.

Herr Bender

Herr Bender war eigentlich ein sehr zuverlässiger, fleißiger Mitarbeiter. Er konnte sich auch nicht erinnern, daß er in den letzten fünf Jahren einmal krank gewesen wäre. An diesem Morgen allerdings lief alles anders. Irgend etwas streikte in ihm. Dabei hatte er, pünktlich wie immer, seinen Platz hinter dem Schreibtisch eingenommen. Aber es wollte einfach nicht vorangehen mit der Arbeit. Starke Schmerzen hämmerten in seinem Kopf. Zahlen und Buchstaben verschwammen immer wieder vor seinen Augen. Und nun schon die dritte falsche Computereingabe ... Seine Hände zittern ... Er seufzt, schaltet das Gerät ab. Der Kollege nebenan sieht zu ihm herüber. »Es war eben zu viel in den letzten Tagen«, sagt er. »Die vielen Überstunden wegen der Vertragsabschlüsse und dann noch die Betriebsversammlung gestern abend ...; es gibt Grenzen. Wenn man die nicht einhält, geht irgendwann gar nichts mehr. Gehen Sie nach Hause. Nehmen Sie einen Tag frei, dann kommen Sie wieder zu sich.«

Normalerweise hätte Herr Bender nicht viel auf solche Worte gegeben, aber diesmal hört er sie genau.

Zehn Minuten später verläßt er das Büro. Zuhause angekommen, weiß er zunächst gar nichts mit sich anzufangen. Morgens daheim sein, so etwas gab es doch sonst nicht. Irritiert geht er durch die Wohnung, öffnet die Balkontüre, läßt sich schließlich auf einen Gartenstuhl fallen. Die frische Luft tut gut. Sie ist noch kühl und feucht. Unten im Garten glitzern Tautropfen im Gras.

Am hellichten Morgen auf dem Balkon sitzen ..., was werden die Nachbarn denken ...

Alles um ihn herum scheint weiterzugehen. Die Geräusche des Müllautos kommen von der Straße herüber; Augenblicke später hört er, wie die Post in den Briefkasten geworfen wird. Alles rundum ist in Bewegung, nur in ihm ist es still. Ende Vierzig, das ist doch kein Alter, in dem man schlapp macht. Was die andern wohl denken werden ...

»Es gibt Grenzen«, hatte der Kollege gesagt. »Wenn man die nicht einhält, geht irgendwann gar nichts mehr.« Jetzt fallen ihm die Worte seiner Frau ein. Vor kurzer Zeit hatten sie abends die Wohnung renoviert. Irgendwann war sie müde, aber er fand kein Ende. »Sei doch etwas gnädiger zu dir und mir«, hatte sie gesagt. »Wir müssen doch nicht die Nacht zum Tage machen. Wir sind doch keine Übermenschen.« Aber diese Übermenschen, denkt Herr Bender weiter, die sind gefragt in unserer Welt. Deshalb tun viele so, aber in Wirklichkeit ist es keiner ...

Grenzenlose Leistung, grenzenloses Wachstum wird da proklamiert, aber ihm wurde immer mehr klar, wie gefährlich so eine Planung ist, wie grausam sie zurückschlagen kann. Sie entspricht eben nicht dem Menschen, denkt er, entspricht nicht dem Leben, wie es vorgegeben ist. Die Büsche und Blumen dort unten, die wachsen doch auch nicht immer weiter; der Tag hat nicht endlos viele Stunden. Alles hat seinen Rhythmus – und auch seine Grenzen. In Gedanken malt er sich aus, wie es sein könnte, besser mit diesen Grenzen zu leben, einzugehen auf das, was schon angelegt ist. Die Bilder, die jetzt in ihm entstehen, beruhigen ihn. Den Tag Tag sein lassen und die Nacht Nacht ...; wenn das Licht weniger wird, auch Bewegungen ausklingen – und am anderen Morgen neu aufleben lassen. Ich gestehe mir ein, was eigentlich selbstverständlich ist: daß ich ein Mensch bin.

Menschen können es sich leisten, zu sagen: ich habe nicht unerschöpfliche Kräfte und bin nicht vollkommen. So vieles wird getan aus der verkehrten Annahme, man wäre vollkommen und grenzenlos. Das, was Menschen aus diesem Denken heraus getan und gebaut haben, stellt sich oft als tödliche Gefahr heraus für alles Leben. Wie oft schon hat der Glaube an die eigenen grenzenlosen Kräfte ein Herzversagen eingeleitet ...

Die Schmerzen in Herrn Benders Kopf gehen langsam zurück. Seine Hände zittern nicht mehr.

Wie entlastend es doch ist und wie heilsam, nicht mehr sein zu wollen und nicht weniger, als ein Mensch ...

Das ganze Leben

»Heute wär ich am liebsten gar nicht aufgestanden«, sagte Steffi. »Morgens: Englischarbeit, nachmittags: Zahnarzt ...«

Für eine Zwölfjährige ist der Tag damit schwer eingetrübt, noch bevor er richtig begonnen hat. Am liebsten also gar nicht erst aufstehen.

Einige Zeit später treffe ich den älteren Herrn auf der Straße, den ich schon länger kenne. Mir fällt auf, daß er ganz ähnliche Worte ausspricht, wie Steffi. »An so einem Morgen wie heute, da möchte ich gar nicht die Augen aufmachen. Da kommt doch das ganze Leben auf mich zu.«

Das *ganze Leben*, – ich weiß, damit meint er die Schmerzen von seiner Kriegsverletzung, die an manchen Tagen so stark sind; damit meint er auch die Gedanken an seine verstorbene Frau, die ihn immer wieder quälen.

Ja, doch, das kenne ich gut, dieses: Bitte nicht aufwachen, sonst kommt doch das ganze Leben auf mich zu.

Das *ganze Leben* – sagen wir, aber eigentlich stimmt das nicht. Ja, da kommt die Englischarbeit, der Zahnarztbesuch, vielleicht kommen die Schmerzen wieder, körperliche oder seelische. Manches kommt mit großer

Sicherheit, anderes fürchten wir – ob es aber wirklich kommt, ist ungewiß.

Und doch: das *ganze Leben* ist es gewiß nicht, was da kommt. Immer mehr entdecke ich: Es vergeht kaum ein Tag, an dem mir nicht auch etwas begegnet, was mich freut, mich aufatmen läßt, und sei es nur für Augenblicke. Gestern war es das kleine feuchte Gänseblümchen, das mir ein Kind plötzlich in die Hand gelegt hat – und am Abend der schmale Lichtstreifen, der endlich den grauen Himmel durchbrochen hat.

Es vergeht kaum ein Tag, an dem nicht etwas Überraschendes geschieht, etwas, von dem ich, trotz aller Planung, überhaupt nichts wissen kann. – Mitten in einer Sitzung, die sich gewöhnlich zäh dahinzieht, tritt plötzlich einer auf; mit herzerfrischender Offenheit nennt er die Dinge beim Namen, stellt sich nicht drüber, sondern mitten hinein. Das bewegt selbst die, die sich schon lange innerlich rauszuhalten scheinen aus dem, was eigentlich dran ist.

In einer flüchtigen Begegnung, sozusagen im Vorübergehen spricht jemand auf einmal ganz wichtige Worte aus, die stärken und weiterführen. Das macht mich froh. Es vergeht kaum ein Tag, an dem nicht etwas Überraschendes geschieht. – Nur kann es sein, ich sehe es nicht mehr richtig, weil so viele mich schon enttäuscht haben. Schmerz und Verletzung haben mich mißtrauisch und bitter gemacht.

So verengt sich der Blick für das *ganze Leben* immer mehr. Immer häufiger sage ich mir: da kommt ja nichts Gutes mehr auf mich zu. Immer mehr glaube ich mir, daß das Leben nur noch Belastung und Schmerz für mich hat. Dieser verengte Blick kann starr machen und zuweilen auch krank. Wenn ich aber weiterhin vom ganzen Leben reden will und mit dem ganzen Leben zu tun haben will, dann muß ich mir gefallen lassen, wenn einer zu mir sagt: Das *ganze Leben* ist das nicht, was du da siehst.

Das hat mir auch Steffi bestätigt. Gegen Abend haben wir uns nämlich zufällig wieder getroffen. »Also, mir ist was Tolles passiert!«, erzählt sie mit strahlendem Gesicht. »Ich bin Kai Müller und seiner Mutter begegnet. Müllers waren früher unsere Nachbarn. Jetzt haben sie außerhalb einen Hof und nehmen viele Pferde in Pflege. Sie haben auch eigene. Am Wochenende ist dort ein Turnier. Sie haben mich eingeladen.« »Phantastisch!« – sage ich. Ich weiß ja, wie sehr sich Steffi für Pferde begeistern kann.

»Und die Englischarbeit, wie war die?« frage ich. »Die war echt schwer«, sagt sie, »aber ich glaub nicht, daß ich sie ganz verhauen hab – vielleicht ne Drei – mal sehn ... Dafür war's beim Zahnarzt toll! Hat überhaupt nicht weh getan, und außerdem hab ich ja Kai getroffen mit seiner Mutter. Das war doch im Wartezimmer«, sagt sie, und wir müssen beide lachen.

Ja, ich weiß, manchmal gibt es sogar Tage, in denen stecken Überraschungen, die unsagbar glücklich machen. Erstaunlich, wie viel diese wieder aufwiegen!

An diesen Tagen weiß ich es genau: es lohnt sich allemal, gespannt zu sein auf den nächsten Tag, – auf das *ganze Leben.*

So ein Tippfehler

So ein Tippfehler ist ja normalerweise nichts Besonderes, aber dieser eine hat mich doch erschreckt. – Der Brief ist schon fast fertig geschrieben, da fällt mein Blick noch einmal rechts oben auf die Jahreszahl. Sofort halten meine Hände still. *2995* prangt es mir entgegen. Ich starre aufs Papier: 2995, – dabei schreibe ich doch schon monatelang die richtige Jahreszahl: 1995 – wieviel Mal habe ich sie nun schon geschrieben, auf Briefköpfen, Protokollen, Urkunden, ganz selbstverständlich, fast nebenbei, bis plötzlich dieser Tippfehler passiert ist.

Meine Augen wollen sich gar nicht mehr lösen von dieser sonderbaren Zahl: 2995 – da lebe ich nicht mehr. Das ist gewiß. Was wird dann sein? Diese Erde, wird es sie überhaupt noch geben? Wird es noch Menschen geben, die diese Zahl schreiben? – 2995 – ich spiele den Gedanken zurück. Werde ich denn überhaupt das Jahr 2000 schreiben können? Als Kind habe ich manchmal gerechnet, wie alt ich sein werde im Jahr 2000. Je mehr ich aber erfahre, wie das Leben ist, um so mehr muß ich denken: wie unsinnig, so zu rechnen.

Der 40jährige, der bei einem Autounfall ums Leben kam, den ich dann beerdigt habe, hatte der nicht vielleicht auch gehofft oder ganz selbstverständlich angenommen, daß er das Jahr 2000 einmal schreiben würde? ... und die Eltern des leukämiekranken Kindes, haben sie es nicht auch gehofft, daß es eines Tages diese Jahreszahl in sein Schulheft schreiben würde?

Dieser kleine Tippfehler macht es überdeutlich: jedes Leben hat seine Grenze, und keiner weiß in Wahrheit, ob er auch nur das Datum des nächsten Tages noch schreiben wird.

Und doch: wie selbstverständlich planen viele Menschen die Jahre und Jahrzehnte.

Aber da ist diese Grenze für mein Leben, irgendwo auf der Skala der Jahreszahlen. Der Gedanke tut weh – und doch gut zugleich. Denn diese Grenze erzählt mir auch davon, wer ich wirklich bin – nicht weniger nämlich und nicht mehr als ein Mensch. Ein Mensch bin ich, der zwar Kalender führt und Jahreszahlen schreibt, der sich aber doch nie ein richtiges Bild machen kann von dem Zeitraum, den er schon durchlebt hat. 20, 50, 80 Jahre, was sagen diese Zahlen schon. Einiges, was da geschehen ist, was ich erfahren habe, hat sich besonders in mir verankert. Anderes habe ich längst vergessen.

Wenn ich von meiner Lebenszeit spreche, erzähle ich vielleicht von den Tagen, in denen mir etwas großen Schmerz bereitet hat, von den Stunden und Augenblicken, in denen ich besonders glücklich war. – Deshalb wohl muß ich an diesem Morgen an der Schreibmaschine an jene Frau denken, die ich gut kenne. Sie singt so gerne, und besonders mag sie das kleine Lied, dem ein Psalmvers zugrunde liegt: »Dies ist der Tag, den der Herr gemacht. Laßt uns freuen und fröhlich darin sein« (Psalm 118,24).

Ich weiß, daß die Tage dieser Frau oft schwer sind. Menschen und Tiere sind auf ihre Hilfe und Pflege sehr angewiesen. Auch einige ihrer besonderen Nöte kenne ich und weiß obendrein, wie ausgefüllt ihre Tage sind. Und doch ist sie so herzerfrischend lebendig, ruft mir froh herüber, wenn ich am Hof vorbeigehe. Voller Begeisterung zeigt sie mir die jungen Lämmer, die noch keine drei Tage alt sind. »Dies ist der Tag, den der Herr gemacht, laßt uns freuen und fröhlich darin sein.« Das singt sie so gerne.

Ja, so ein Tag, das ist doch was. Dieser Tag und die jungen Lämmer, die sagen uns beiden mehr als Jahreszahlen. Dieser Tag will gelebt werden. Er lädt mich ein, zu entdecken, wie sehr ich Mensch sein kann, nicht mehr – aber auch nicht weniger.

2995 – mein Blick fällt noch einmal auf die vertippte Zahl. Ich verbessere sie nicht. Vielleicht hat der Adressat es so eilig, daß er darüber hinwegsieht. Es könnte aber auch sein, sie macht ihn stutzig, bringt ihn zum Nachdenken. Das wäre doch gar nicht so schlecht …

Einen Zahn loslassen

»Wir sollten ihm vielleicht eine letzte Chance geben«, sagt der Zahnarzt. Er spricht von meinem entzündeten Weisheitszahn.

Noch einmal alles dransetzen – Behandlung, Medikamente, alles, was einen Sinn macht. Nochmal diesen Tag abwarten und die kommende Nacht ... Fragend sieht er mich an. Schon über eine Woche kämpfen wir um diesen Zahn; schon über eine Woche Schmerzen, manchmal fast unerträglich stark. Dabei ahne ich eigentlich schon eine Weile, daß ich mich von diesem Zahn verabschieden muß. Es ist schwer, etwas loszulassen, was so zu mir gehört, so tief in mir verwurzelt ist. Mein Gegenüber versteht mich ohne viel Worte. Ich bin ihm dankbar, daß er mit mir um diesen Zahn kämpft, wie es auch ausgehen mag.

Die Schmerzen lassen die Stunden lange werden bis zum nächsten Morgen. So sitze ich früh wieder im Behandlungsstuhl und sage seufzend: »Es ist wohl soweit. Wir müssen diesem Zahn den Abschied geben.« Und wieder merke ich, wie mich mein Gegenüber versteht, wie er innerlich mit dabei ist. »Ja«, sagt er, »nun muß es wohl sein, aber sagen Sie wirklich: hätten wir gleich aufgeben sollen?« »Auf keinen Fall!«, sage ich.

Wenn ich mich heute an diesen Morgen erinnere,

dann denke ich immer noch: natürlich hätten wir es uns leichter machen können, beim ersten Schmerz den Zahn ziehen, aber ich bin dankbar, daß wir gemeinsam gekämpft haben, gemeinsam deprimiert waren an diesem Morgen – und dann auch wieder beide erleichtert, als es endlich geschafft war, der Zahn gezogen. Er saß viel fester, als ich dachte. Genau erinnere ich mich an das knirschende Geräusch in meinem Kiefer, den kurzen gemeinsamen Kraftaufwand – und wie erleichtert wir gewesen sind nach dieser Aktion und auch darüber, daß der gezogene Zahn uns bestätigte, wie richtig wir gehandelt hatten.

Trotz aller Mühe, trotz Zeitaufwand und Schmerzen – ich denke, das war ein guter Weg, eine gute Erfahrung. Einmal mehr ist mir durch dieses Erlebnis deutlich geworden, was eigentlich jeden Tag jedem Menschen geschieht. Immer wieder gibt es kleine und große Dinge in unserem Leben, die gehen uns unwiederbringlich verloren. Das ist so. Im Kleinen kann das vielleicht ein Zahn sein; und schon nicht mehr ganz so klein ist wohl der Abschied, wenn der Kanarienvogel eines Kindes plötzlich stirbt. Im Großen kann es sein: Menschen verlieren für immer ihre Heimat, müssen von heute auf morgen alles zurücklassen, worin sie gerne und selbstverständlich gelebt haben, Menschen verlieren gar andere, die ihnen lieb und nahe gewesen sind.

Wir leben so, als wäre alles machbar, als gäbe es für alles einen schnellen Ersatz. Wir geben uns so wenig Raum und Zeit, um wirklich wahr sein zu lassen und auch darüber zu trauern, daß wir etwas für immer verloren haben. Ich erlebe, wie gut es ist, wenn Menschen sich diese Zeit wieder nehmen, diese Räume wieder schaffen.

Ja, ich staune, daß sie gerade da wieder mehr vom

Leben erfahren. Der eigene Zahn kommt nicht wieder, aber die Wunde heilt; und wie gut es doch tut, nach so einer Zeit wieder schmerzfrei zu sein. Vielleicht auch werden Menschen nicht wieder in ihrer alten Heimat leben können. – Und wie unsagbar gut, wenn da Menschen sind, die innerlich mitgehen, ehrliche Begleiterinnen und Begleiter, die mitleiden, mittrauern und mit aufatmen …

Vielleicht baut sich langsam etwas Neues auf, werden aus fremden Menschen hier und da Freunde, entsteht ein Stückchen Vertrautheit in einem fremden Land.

Diese Menschen, die innerlich mitgehen, lassen uns davon etwas ahnen, daß Gott selbst unsere Wege mitgeht, auch da, wo wir etwas verlieren. Von ihm erzählt man, daß er gerade dann nahe ist, wenn wir loslassen müssen. Er hat uns auch sagen lassen: Wer sein Leben loslassen kann, wird es neu gewinnen.

Allein für sich daselbst

»Stell dir vor«, sagte kürzlich eine Bekannte zu mir. »Stell dir vor, Klaus liest seit Tagen in der Bibel.«

Klaus ist gerade zwölf geworden. Sein Bruder ist etwas älter und seit einigen Wochen im Konfirmandenunterricht. »Vielleicht ist es nur das Gefühl, was der macht, kann ich auch«, sagt seine Mutter. »Er kann doch auch gar nicht alles verstehen, was er da liest. Aber er will nicht drüber sprechen.« – Ach, sage ich, Kinder verstehen oft mehr, als wir denken, und wenn ihn wirklich was lange beschäftigt, rückt er vielleicht irgendwann doch heraus damit.« Und so geschieht es auch, viel früher, als wir denken – und ganz anders, nicht mit einem großen Problem, nein, mit einer scheinbar ganz nebensächlichen Kleinigkeit.

Beim Kaffeetrinken sitzt er neben mir am Tisch. Zuerst scheint er ziemlich abwesend, kaut, schluckt und spielt mit der Kuchengabel herum. Aber plötzlich sieht er mich von der Seite her an und fragt: »Sag mal, was ist denn das eigentlich für ein komischer Satz: Und er ging allein für sich daselbst?« (Matthäus 14,23).

»Na ja«, sage ich, »da hast du was über Jesus gelesen, – daß er einfach mal ein bißchen alleine sein wollte und weggegangen ist von den andern«.

Klaus macht ein skeptisches Gesicht und sagt: »Ich

dachte, in der Bibel stehen nur ganz wichtige Sachen, aber so ein Satz: er ging allein für sich daselbst, das ist doch ein Witz, da ist doch no action, nichts passiert, völlig unwichtig, daß der da ein bißchen allein rumgelaufen ist.«

Ich muß lachen darüber, wie er das ausdrückt und sage dann: »Ja, das klingt total unwichtig, banal, aber vielleicht ist es wichtiger, als man zuerst einmal denkt. Was war denn vorher?«

»Da ist echt was los gewesen«, kam sofort die Antwort. »Ein Haufen Leute, Kranke dabei, die er geheilt hat, hat sich unterhalten und was erklärt ..., wie das mit Gott ist ...«

»Na, dann ist es ja klar«, sage ich. »Wenn man gut drauf ist und voll dabei, dann braucht man viel Kraft. Hinterher ist man dann ziemlich fertig. Auch, wenn's gut war, vielen gutgetan hat, dann ist man nachher auch gut fertig, müde, erschöpft, aber mit einem guten Gefühl; dann muß man mal ganz für sich sein, nachdenken, sich freuen, nochmal überlegen, was alles war, was man alles gehört und erlebt hat, sich neue Kraft holen. Das vergessen viele Menschen; dann werden sie krank, weil sie nicht mehr allein für sich selbst gegangen sind. Das ist wie Einatmen und Ausatmen. Beides gehört zusammen.«

»Klar doch!«, sagt Klaus jetzt. Das ist wie mit der Stoppuhr ...« »Wieso mit der Stoppuhr?«, frage ich verwirrt und zweifle daran, ob er mich wirklich verstanden hat. Aber das hat er, denn er erzählt, daß sein Freund vor wenigen Tagen eine Stoppuhr geschenkt bekommen hat, und daß sie damit allerlei ausprobiert haben. »Dann haben wir gestoppt, wie lange ich die Luft anhalten kann«, erzählt er und weiter: »dabei ist mir auf einmal ganz schlecht geworden«.

Der Vater seines Freundes habe ihm auch gesagt:

»Wer einatmet, muß auch ausatmen. Sonst kann man nicht leben.«

»Also doch wichtig, dieser Satz in der Bibel«, sagt Klaus zufrieden ..., »lebenswichtig sozusagen«, ... setzt er hinzu, steht auf und geht zur Tür. »Wo willst du hin?«, fragt seine Mutter. »Ich gehe allein für mich daselbst«, antwortet Klaus, lächelt geheimnisvoll und etwas stolz zugleich und verschwindet durch die Tür.

Ich tanze mit der Zeit

Wenn die Zeit eine Person wäre …

Ja, ich habe mir einmal vorgestellt, die Zeit wäre eine Person. Seitdem sehe ich viel deutlicher, wie ich mit ihr umgehe. Ich sehe, wie sie mir davonrennt, und ich renne hinterher. So viel hatte ich mir vorgenommen, aber die Zeit schüttelt den Kopf und sagt: »Nein, das paßt nicht alles auf meine Schultern.« Dann läuft sie los und ich hinterher. Und im Laufen versuche ich, ihr noch etwas aufzubürden. Sie schüttelt es aber ab. Das ärgert mich, und ich rufe ihr zu: »Warte doch! Mein Herz rast, und ich bekomme keine Luft mehr. Du machst mich noch krank.« – Die Zeit aber antwortet: »Ich mache dich nicht krank. Das bist du selbst. Warum kannst du nicht so leben, daß es für uns beide gut ist?« –

Wie eine ständige Begleiterin ist die Zeit, und manchmal bin ich froh, wenn es Nacht wird. Wenn ich schlafe, entfernt sie sich etwas, aber meistens nicht weit. Kaum werde ich wach, ist sie schon wieder da. Und was ich gar nicht schätze: oft bringt sie am Morgen schon etwas mit, was auch noch von mir getan, bedacht, gelebt werden soll. Dabei habe ich selbst schon genug vorgesehen für diesen Tag. Manchmal kann ich es gelassen nehmen. An anderen Tagen paßt es mir überhaupt nicht, und ich frage barsch: »Was soll denn das schon wieder?« Weil sie aber nicht aufgibt, muß ich alles neu prüfen und ändern.

Die Zeit ist eine unberechenbare Kandidatin. Oft rennt sie auch dann, wenn ich meine, daß es gar nichts zu rennen gäbe, – wenn es gerade sehr schön ist. »Moment!«, rufe ich dann. »Laß uns noch ein wenig bleiben.« Sie schüttelt aber energisch den Kopf und sagt: »Nein, laß doch zu Ende sein, was zu Ende ist.« Aber umgekehrt sind wir auch schon in Streit geraten, weil *ich* aufbrechen will. Sie aber hält mich am Ärmel fest und sagt: »Warte doch; es ist noch nicht der rechte Moment, zu gehen.« Dabei ist es schon vorgekommen, daß ich heftig mit ihr gekämpft habe.

Gelegentlich kommt die Zeit auf die sonderbare Idee, ganz still zu stehen wie eine Statue. Oft sind das Augenblicke, in denen es mir nur recht wäre, wenn sie schnell laufen würde. Aber nein, sie tut es nicht. Nur wenn ich Glück habe, macht sie hin und wieder einen winzig kleinen Schritt.

Aber jetzt habe ich etwas ausprobiert, das eine erstaunliche Wirkung hat. Die Idee habe ich von einem Juristen. Dem ist es ganz besonders schlecht gegangen mit seiner Zeit. Bis aufs Blut hat er mit ihr gekämpft. Zuletzt stand es auf Messers Schneide. Ein schwerer Herzinfarkt hat sein Leben bedroht. Aber dann ist er noch einmal davongekommen. Als er wieder bei Kräften war, hat er zu *tanzen* begonnen. »Ich tanze mit der Zeit«, hat er gesagt. »Früher hatten wir uns im Würgegriff, aber nun tanzen wir zusammen.« –

Ich tanze mit der Zeit ... Dieser Satz hat mich hellhörig gemacht. Vielleicht wäre *das* ja die *beste* Art, mit ihr umzugehen. Vorsichtig habe ich es ausprobiert. Es klappt erstaunlich gut. Wir achten aufeinander, so ähnlich, wie Menschen aufeinander achten, die zusammen tanzen. So erspüren wir, wie schnell es gehen kann.

Manchmal fühle ich mich belastet und müde. Ich kann nur langsam tanzen, nur kleine, schwere Schritte tun. Das merkt die Zeit und übernimmt die Führung. Ich spüre, daß sie stark ist und mich stützen kann. – Manchmal bin ich ganz leicht und könnte nur so dahinschweben. Und wenn die Zeit auch gerade eine leichte ist, dann schweben wir wirklich gemeinsam. Das sind besonders schöne, ja fast himmlische Augenblicke. Ist aber die Zeit gerade recht schwer, dann kann es sein, daß ich die Führung übernehme. Sie kann sich auf mich verlassen. Ich stütze sie und stelle mich mit meinen Schritten auf sie ein. Der Tanz ist immer ein anderer. Mal wird es ein ganz schwerer, langsamer Trauertanz, mal ein lustiger, beschwingter Freudentanz. Und es gibt noch so viele Arten dazwischen. Jeden Morgen bin ich gespannt, wie es sein wird.

Das scheint mir wirklich die beste Art zu sein, mit der Zeit umzugehen. Ich kann ihr viel gerechter werden. Und außerdem: wenn wir uns so an den Händen halten, dann merke ich, daß Gott viel näher ist, als vorher. Kein Wunder, denke ich, – denn er ist ja der, von dem der Psalmbeter sagt: er hat alle Zeit in *seinen* Händen.

Warten im Dunkeln

»Ich sitze im dunklen Loch.« So sage ich, wenn es mir schlecht geht, wenn ich in Not bin und keinen Ausweg sehe. Ich sitze im dunklen Loch; das heißt: ich weiß nicht weiter; es gibt keine Hoffnung; um mich ist es finster, lauert Gefahr. Nicht mehr vorwärts und nicht rückwärts können ..., und niemand, der mich wirklich hört ...

Beziehungen sind abgebrochen. Gemeinschaft trägt nicht mehr.

Auch die Bibel erzählt von Menschen, die im dunklen Loch saßen. Einer davon ist Noah, der in der Arche saß und über die Fluten trieb. War *die* nicht auch ein dunkles Loch? ... finstere Räume, in die kaum Licht fallen konnte; ... monotone Geräusche von Regen und Wind ... Häuser, Scheunen und Gärten waren nicht mehr. Es gab kein Zurück in vertraute Landschaft, heimatliches Leben.

Im dunklen Loch der Arche mögen auch dem Noah Zweifel gekommen sein. Würde das Schiff standhalten? – Und: gäbe es jemals ein Ende dieser Dunkelheit? – Vielleicht wäre es besser gewesen, mit den anderen unterzugehen.

Warten im dunklen Loch der Arche.

Wohl manchmal hat sie sich im Sturm um sich selbst

gedreht, so ähnlich vielleicht wie einer, der nicht mehr weiter weiß. Die Kinder in der Arche, die haben dem Noah wohl Fragen gestellt. »Wie lange müssen wir noch im Dunkeln bleiben? Wann ist das Warten vorbei? Wann sind wir am Ziel der Reise?« Am Ziel der Reise ...

Gab es da überhaupt noch ein Ziel? Gab es da ein Neues hinter dem Dunkeln? Oder war nicht die Arche doch das Ende?

Noah konnte nichts tun, als in seinem dunklen Loch die tägliche Arbeit verrichten, selbst, wenn sie ihm an manchen Tagen so sinnlos schien.

Manchmal sah es so aus, als wollte das Meer die Arche verschlingen. Noah konnte nichts tun, als bleiben, wo er war.

Und doch geschah etwas!

Irgendwann hatte der Sturm keine Kraft mehr. Da war nur noch ein leiser Wind.

Von einer Stunde auf die andere wurde es heller. Licht fiel in die dunkle Arche. Es war, als atmete alles Leben auf.

Noah hatte nichts mehr tun können; und doch stand auch er jetzt im ersten Lichtstrahl der Sonne; und doch keimte plötzlich auch in ihm wieder eine kleine Hoffnung gegen alle Stürme und Wasser der Welt.

Und wie muß sie gewachsen sein, diese kleine Hoffnung, als er bald darauf jenen grünen Zweig in den Händen hielt, den die Taube ihm brachte.

Darum möchte ich erinnert werden an Noah, wenn ich im dunklen Loch sitze – und anderen davon erzählen, die auch dort sind.

Ich warte auf den Tag, an dem mich der erste Lichtstrahl trifft.

Ich warte auf den Augenblick, der mich aufatmen läßt, ... auf den grünen Zweig, den Gott mir werden lassen kann, der mir neue Kräfte gibt wider alle Stürme und Wasser dieser Welt. All mein Vertrauen setze ich ganz auf den einzigen Gott.

Von ihm wird erzählt: Er kam zu allen Zeiten zu denen, die im Dunkeln saßen.

Der Glücksdrache

Jetzt sind sie wieder hier und da zu sehen, die bunten Herbstdrachen, die Kinder in den Wind steigen lassen.

Kürzlich habe ich eine besondere Drachengeschichte erlebt, sozusagen im Vorübergehen.

Ein kleines Mädchen läuft weinend einen Hügel hinab, einem älteren Herrn entgegen – offenbar ihr Großvater. Sie klammert sich an sein Hosenbein, schluchzt und ruft: »Opa, mein Drachen, – er ist weg ..., weggeflogen ...«. »Wie kann denn das passieren?«, fragt der Großvater etwas ratlos. »Hast du die Leine losgelassen?« »Nein!« beteuert die Kleine. »Ich hab' nicht losgelassen, bestimmt nicht! Die Leine ist gerissen. Siehst du, hier hab' ich das Ende noch.« – »Na, das ist ja ein Ding«, sagt der alte Herr. »So eine Schnur reißt selten. Wahrscheinlich war sie von Anfang an an einer Stelle schwach. Na ja«, sagt er, und ich denke: jetzt kommt gleich der Satz: ›wir kaufen dir einen neuen‹. – Aber das sagt er nicht. Er hebt den Kopf und sucht mit seinen Augen den Drachen. – »Dort!« ruft die Kleine und zeigt mit ihrem Finger nach rechts. Drüben über der kleinen Baumgruppe fliegt hin und her, ziemlich hoch in der Luft, ein schöner roter Drachen mit bunten Bändern dran. »Siehst du«, sagt der Großvater, »dem geht's gut. Ich glaube, dem geht's besser, als anderen Drachen, die noch an der Leine sind. Der kann jetzt fliegen, wohin er will, mal links, mal rechts und rundherum. Der freut sich ja richtig, daß er ganz frei ist. Vielleicht finden wir ihn morgen beim Spazierengehen wieder. Vielleicht fliegt er aber auch zu jemand anderem, und der freut sich dann. Ein Drache, der ganz frei ist, das ist ein besonderer Drache, ein Glücksdrache sozusagen.«

Die Kleine hat seinen Worten genau zugehört. Sie weint nicht mehr. Mit großen Augen sieht sie dem davonfliegenden Drachen hinterher. Jetzt hebt sie den Arm und winkt ihm nach. »Wiedersehn«, ruft sie; »mach's gut, du Glücksdrache«!

Beim Weitergehen denke ich: Dieser Großvater hat seiner Enkelin keinen neuen Drachen geschenkt; er hat ihr viel mehr gegeben. Dieses Kind konnte jetzt eine ganz wichtige Erfahrung machen: etwas loslassen, gehört ebenso zum Leben, wie etwas festhalten, vielleicht sogar noch mehr ... Etwas weiterziehen lassen, auch, wenn es manchmal sehr weh tut, das gehört zum Menschsein. Wie krampfhaft wollen wir oft festhalten, was wir besitzen, so als könnten wir uns damit das Leben sichern. Aber immer wieder erfahren Menschen: Kein Gramm und keine Sekunde vom Leben kann dazugewonnen werden, wenn man festhält, sich klammert an das, was man hat und was ist. Wir können zum Beispiel einen Morgen nicht festhalten. Es wird Mittag, es wird Abend werden. Wir konnten den Sommer nicht halten. Es ist Herbst geworden. Aber dann erleben wir auch: es geschieht etwas! Nach dem Tag kommt der Abend, dann die Nacht. Jetzt kann ich ganz andere Dinge tun – oder lassen, ganz anderen Menschen begegnen, andere Wahrnehmungen machen, die der Tag gar nicht zuläßt. Der Abend und die Nacht können mich reich beschenken, wenn ich mich auf sie einlasse.

Der Sommer eines Jahres verfliegt wie der schöne rote Drachen des kleinen Mädchens. Aber die Fülle des Herbstes kommt auf uns zu.

Für mich sind das Zeichen eines wunderbaren Gottes. Jeden Tag hilft er mir doch, einzuüben, daß ich halten und loslassen kann. So wage ich, darauf zu vertrauen, daß er mir Neues schenkt, auch und gerade dann, wenn ich ganz allein und mit leeren Händen dastehe.

Immer wieder in diesem Leben und auch an seinen Grenzen erleben wir: Wir können zuletzt nichts halten, auch nicht uns selbst. Aber wir können erfahren, daß dieser Gott wieder Neues an uns geschehen läßt, daß wir durch ihn *gehalten werden* – vielleicht so ähnlich wie das kleine Mädchen. Das ist nämlich ganz getrost weitergegangen an der Hand seines Großvaters ... mit einem kleinen Hüpfschritt ...

Grenzen – und darüber hinaus

Wie auf einem Stein

»Das war wieder ... eine lange Nacht«, sagt sie leise.

»Jedesmal fürchte ich mich vor dieser langen Nacht. Mein Rücken schmerzt erbärmlich. Es ist, als hätte mir Gott eine Strafe auferlegt: wochenlang auf dem Rücken liegen, still, hart, wie auf Stein.« – Sie starrt an die Wand, kämpft mit den Tränen.

Ich fühle mich elend. Sie wird noch weitere Wochen liegen müssen, das weiß ich. Ein schneller Trost klingt hier lächerlich. Ich höre ihren Worten nach. »Es ist, als hätte mir Gott eine Strafe auferlegt: wochenlang auf dem Rücken liegen, still, hart, wie auf Stein ...«

Es ist ganz still im Zimmer. – Plötzlich fällt mir Jakob ein. Ich beginne, ihr von Jakob zu erzählen.

Mitten auf freiem Feld, irgendwo zwischen Beerseba und Haran, hatte sich dieser Jakob zum Schlafen hingelegt, mit dem Kopf auf einem Stein. Die Sonne war untergegangen. Einer, der in einer fremden Gegend seinen Weg erst suchen muß, findet sich im Dunkeln nicht mehr zurecht. Er wartet den neuen Tag ab.

Hier auf hartem Stein zu liegen, anstatt zu Hause in weichen Decken, das ist schon sonderbar. Hier ist einer aus der gewohnten Spur getreten. Dabei war er doch immer so gerne zu Hause ...

An diesem Morgen aber ist er überstürzt aufgebrochen. Gewiß, er hatte Fehler gemacht: mit einer List das Erstgeburtsrecht des Bruders und den Segen des Vaters erschwindelt ... Mit diesem Segen hat man Gott auf seiner Seite. So hatten sie ihn gelehrt. Das war ihm wichtig geworden. Aber ... war Gott auch auf der Seite des Betrügers? – All diese Gedanken mögen Jakob durch den Kopf gegangen sein. Jetzt war Gott wohl erst recht fern, hatte sich ganz von ihm abgewandt. Ob Jakob überhaupt jemals heil beim Bruder der Mutter in Haran ankommen wird? Allein in der Nacht auf freiem Feld zu liegen und auf einem Stein, so plötzlich von einem Tag auf den andern aus der vertrauten Spur getreten ... – da schläft man bestimmt nicht mit dem leichtesten Herzen ein ...

Jakob schläft ein, allein, in sich und seine Probleme verschlossen. Doch nun geschieht das Überraschende: Gott ist gar nicht fern von Jakob gewesen! Gott ist da, ist ihm ganz nah! Im Traum tut sich Jakob der Himmel auf. Er sieht das Himmelstor und den treppenartigen Zugang von der Erde zum Himmel. Ohne es zu ahnen, liegt Jakob an der einzigen Stelle der Erde, an der nach dem Weltbild der Alten die göttlichen Boten täglich auf- und niedersteigen.

Nirgendwo kann er dem Himmel näher sein, als gerade an dieser Stelle. Dann geschieht das Unglaubliche: aus freien Stücken verheißt Gott diesem Jakob nun, was er sich einst durch Betrug verschaffen wollte: Land, Nachkommenschaft, seinen ganz persönlichen Schutz.

Am anderen Morgen kann Jakob nur noch staunend rufen: »Fürwahr, der Herr ist an dieser Stätte, und ich wußte es nicht!« (1. Mose 28, 10–16).

Die hellte Morgensonne scheint jetzt ins Zimmer. Eine Weile ist es ganz still.

Jetzt sieht sie mich an. Mit sehr lebendiger Stimme sagt sie: »Das ist wohl eine Geschichte für die, die auf dem Rücken liegen müssen?« »Ja – vielleicht«, sage ich, »vielleicht für die, die nachts liegen müssen, wie auf einem Stein.«

»Na ja«, sagt sie und lächelt ein wenig. »Genug Zeit hab' ich noch. Vielleicht finde ich ja heraus, ob ausgerechnet hier auch so eine wichtige Stelle ist.«

»Ja«, sage ich, »jedenfalls war das schon immer so eine Eigenart Gottes; er kommt gerade dahin, wo man am wenigsten mit ihm rechnet.«

Unendlich

Früher als sonst kommt Micha die Treppe heraufgesprungen. Die Küchentür fliegt auf, der Schulranzen landet neben der Eckbank. »Nanu, so früh schon zurück?« Michas Mutter stellt das Bügeleisen ab. »Sport ist ausgefallen«, sagt Micha – und im selben Atemzug: »kann ich ein Eis?« »Meinetwegen«, antwortet sie.

Wenige Augenblicke später sitzt Micha mit hochgezogenen Knien auf der Bank, leckt sein Eis und beobachtet seine Mutter beim Bügeln. »Du könntest dann Hausaufgaben machen«, sagt sie. »Es dauert noch über eine Stunde, bis wir essen.« »Wir müssen nur das 1×4 üben«. »Gut, dann üben wir ein wenig. Weißt du schon, wieviel 3×4 ist?« Micha zuckt mit den Schultern. »Rechne es doch mit Äpfeln.« »Äpfel sind langweilig«, sagt Micha, »lieber mit Fußbällen«. Fußball war Michas Lieblingsthema. »Dann eben mit Fußbällen«, entgegnet die Mutter. »Da sind also drei Netze. In jedem Netz liegen vier Fußbälle. Wieviele sind es dann zusammen?« »Zwölf« ruft Micha. Mit Fußbällen rechnet es sich eben viel schneller. Micha findet Spaß daran. »Wieviel Fußbälle gibt es denn in einem großen Sportgeschäft? Fünfzig – oder hundert? Wieviel Bälle gibt es wohl auf der ganzen Welt?« Micha steigert sich in den Gedanken hinein. »Stell dir vor, Mama, auf dem ganzen Meer schwimmen Fußbälle, so viele, daß man das Meer nicht mehr sieht – Fantastillionen ... « »Fantastillionen? – was ist denn das?« »Die höchste Zahl natürlich«, sagt Micha stolz. »Hab' ich bei Dagobert Duck gelesen. Ein Taler hat ihm gefehlt zur Fantastillion. Wieviel ist das eigentlich?« »Ach Micha, das ist nur ein Phantasiewort. Es meint einfach: unendlich viel, gar nicht zu zählen, wieviel ... «

Unendlich ... – Micha hat das Wort ganz langsam nachgesprochen. »Gibt es unendlich viele Fußbälle?« »Das glaub' ich nicht. Es gibt wohl viele, aber irgendwann hätte man sie doch gezählt.« »Aber was ist unendlich?«, will Micha wissen. Seine Mutter denkt nach. »Fast alles«, sagt sie dann, »fast alles hat einen Anfang und ein Ende. Du fängst an, das 1×4 zu lernen, aber irgendwann kannst du es. Du spielst mit deinen Freunden Fußball, aber irgendwann ist das Spiel zu Ende.« – »Aber am andern Tag«, wendet Micha ein, da können wir ja ein neues Spiel spielen.« »Ja, das schon«, entgegnet seine Mutter, »aber irgendwann, in ein paar Jahren vielleicht, da machst du etwas ganz anderes. Vielleicht hast du dann gar keine Lust mehr zum Fußballspielen.« »Niemals passiert das!« Micha springt auf. »Fußball macht mir unendlich viel Spaß. Hey Mama, vielleicht ist Spaß unendlich ... «

Michas Mutter lacht. »Ja«, sagt sie. »Spaß ist unendlich – und lieb hab ich dich auch unendlich.« »Toll!« ruft Micha, »dann gibt es also doch *unendlich* .« – Er läuft zur Tür, dann die Treppe hinunter. Unten im Hof kickt er mit dem Ball herum.

Micha hat Recht. In diesem Leben hat zwar alles seine Zeit und seine Begrenzung. Und doch kann uns mitten in dieser Zeit so etwas wie Unendlichkeit begegnen. Gerade Kinder bringen uns das oft auf eindrückliche Weise nahe, vielleicht mit ihrem manchmal unendlichen Vertrauen in einen Erwachsenen, der ehrlich mit ihnen umgeht, vielleicht in ihrem unerschütterlichen Glauben an den neuen Tag und das neue Spiel.

Immer mehr erfahre ich: je gelassener ich damit umgehe, daß ich als Mensch mit Grenzen leben muß, desto mehr kann ich mich öffnen für die Zeichen, die mir aus den unendlichen Räumen Gottes entgegenkommen. Unendlich schön, wie das Licht eines neuen Tages der Welt wieder Farbe und Gestalt gibt; unendlich gut, die Wärme der Sonne wieder zu spüren ... vielleicht auch, sich zu wünschen, eine Umarmung würde unendlich dauern, ein Spiel würde noch lange nicht aufhören. Für mich heißt das: mitten in Raum und Zeit die guten Zeichen eines unendlichen Gottes zu erfahren.

Seine Räume läßt er mich in manchen Augenblicken ahnen. Sie lassen mich hoffen, daß er sie mir irgendwann ganz öffnet, wenn meine Zeit ihre Grenze erreicht hat.

Liebe Sophie

»Liebe Sophie«, schreibt er auf einen Bogen von Geschäftspapier, weil er kein anderes findet. Es stört ihn nicht, daß BAUTECHNIK MÜLLER rechts oben aufgedruckt ist.

»Liebe Sophie«, schreibt er. Sophie, das ist seine Mutter, die vor etwa einer halben Stunde mit einem lauten Krachen die Tür ins Schloß geworfen hat. Etwas über Undankbarkeit hat sie draußen auf dem Flur noch gerufen – und wofür man denn überhaupt Kinder in die Welt setzt …

»Wofür setzt man Kinder in die Welt?« schreibt er weiter. »Dafür, daß man sie später in ein fertiges System setzt, in dem sie so funktionieren, wie man es erwartet? – Euer System ist eure Firma. Sie hat immer an erster Stelle gestanden. Aber du weißt, daß mir diese Arbeit noch nie richtig gelegen hat. – Vielleicht ist das auch deshalb so, weil wir eigentlich doch nie eine richtige Familie waren, wir waren immer zuerst die Firma Müller. Aber das ist ein anderes Thema. Jetzt geht es mir darum, einen Beruf zu erlernen, der wirklich mein Beruf ist und ein Leben zu probieren, das wirklich mein Leben ist. Laßt doch bitte endlich den Gedanken los, ich könnte mich hier in der Firma einarbeiten; laßt mich los, damit ich ohne schlechtes Gewissen woanders meine Ausbildung beginnen kann. Du weißt doch, wie lange ich mir schon wünsche, daß ich irgendwann bei einer Zeitung arbeiten kann.«

Hier setzt er einen dicken Punkt.

Durch das Schreiben hat seine Anspannung etwas nachgelassen. Mit Sophie zu streiten, war noch nie leicht gewesen. Die letzten Zeilen liest er noch einmal; langsam zieht er dann aus dem Punkt einen Gedankenstrich. »Laßt mich los!« – an diesen Worten sind seine Augen hängengeblieben. Jetzt setzt er den Stift noch einmal an und schreibt wieder: »Laßt mich los!« – und weiter schreibt er: »sonderbar, daß mir gerade jetzt die alte Geschichte einfällt, die ich vor Jahren im Religionsunterricht gehört habe. Du kennst sie bestimmt.

Da gab es auf einem großen Gutshof zwei Söhne. Der Vater war wohl auch selbstverständlich davon ausgegangen, daß die beiden auf dem Hof bleiben würden, dort arbeiten und leben. Aber der eine, der Jüngere, der wollte etwas anderes probieren. Die Arbeit auf dem Hof war nicht seine Sache. Und was ich so gut finde an der Geschichte: Der Vater zahlt ihm sein Erbteil und läßt ihn gehn (Lukas 15,11–32).

Ich kann mir denken, was du jetzt einwenden wirst: Aber der Sohn ist doch wieder reumütig zurückgekommen. Hatte der nicht kläglich versagt auf seinem eigenen Weg?

Ich weiß auch, daß das so war. Für mich ist das aber nicht der entscheidende Punkt. Ich finde einfach gut, was über den Vater gesagt wird. Er hat ihn gehen lassen. Er hat den Wunsch seines Sohnes ernstgenommen. Was dabei herauskommen würde, wußten beide ja nicht – am Anfang.

Früher hab' ich schon immer gedacht: leicht ist das diesem Vater bestimmt nicht gefallen – schon deshalb nicht, weil er ja vermutlich sogar Land verkauft hat und einige Tiere. Er mußte genug zusammenkriegen, um das ganze Erbteil für den Sohn flüssig zu machen. Ich finde es stark, was der Vater da gebracht hat. Er hätte ja auch überlegen sagen können: Geh' doch, wohin du willst und tu, was dir gefällt, aber von mir bekommst du keinen Pfennig für solche Eskapaden. Dann werden wir schon sehen, wie schnell du wieder hier bist und die Füße unter meinen Tisch streckst. So hätte es auch sein können, aber so war es nicht.«

Einen Moment lang hält er wieder im Schreiben inne, wundert sich, daß er schon den dritten Bogen Papier beschreibt. Einen kleinen Absatz läßt er, schreibt dann noch einmal: »Liebe Sophie« ... – Jetzt streicht er den Namen aber wieder durch und schreibt: »Liebe Mutter ..., liebe Mutter, ich fände es toll, wenn ihr mich auch unterstützen würdet auf dem Weg, den ich mir ausgesucht habe, in welcher Form auch immer.

P. S.: Ich bin sicher, daß der Vater in der Geschichte den Sohn sehr lieb gehabt hat.«

Die Kiste auf der Mülltonne

»Nein, lassen sie nur, die schwere Kiste bleibt auf der Mülltonne stehn.« Die alte Frau sagte das sehr bestimmt. »Wenn diese Kiste draufsteht, dann überlegen die da drüben zweimal, ob sie ihren Dreck hier hineinwerfen. Dies ist *mein* Eimer; *ich* habe die Gebühr bezahlt. Oft ist er zwar halb leer; ich bin ja eine alte Frau und lebe allein. Aber das kann denen da drüben egal sein.«

›Die da drüben‹ – das ist eine sechsköpfige Familie. Seit etwa einem halben Jahr wohnt sie nebenan.

Natürlich ist die alte Frau formal im Recht. *Sie* bezahlt die Gebühren. Es ist ihr Eimer. – Aber das hilft keinem Menschen. Für sie selbst ist es nur mühsam und aufreibend. Jedesmal, wenn sie etwas in ihre Mülltonne bringt, muß sie die schwere Kiste herunterheben und danach wieder hinaufstellen. Jedesmal hat sie dabei Ärger im Bauch, äugt halb mißtrauisch halb triumphierend hinüber.

In manchen Augenblicken geschieht es, daß wir formal im Recht sind, darauf beharren, aber es bleibt mühsam und hilft keinem Menschen. Manchmal erstickt die Liebe, wo wir verbrieftes Recht einklagen. Wir werden hart und mißtrauisch. Krank können wir daran werden, weil Beziehungen zwischen Menschen verkrüppeln, ausdorren – so ausdorren, wie die Hand dieses Mannes, der damals am Sabbattag in der Synagoge saß. Von ihm wird nur erzählt, daß seine Hand verkrüppelt war, verdorrt und leblos. – So eine Hand will aber leben, zupacken, berühren, greifen und loslassen können. Die Hand dieses Mannes aber war starr und konnte nicht lebendig sein. Was gibt es Schlimmeres für eine Hand und für den Menschen, dem sie gehört? Jesus begegnet diesem Mann. Er steht vor ihm und sieht, was mit ihm ist. Ein Teil von diesem Menschen ist starr geworden, vielleicht aus Schrecken über schlimme Erlebnisse, vielleicht durch ein Unglück oder von Geburt an. Das weiß keiner mehr. Aber in Jesus ist ganz viel Lebendigkeit, fließt Kraft von Gott. Diese Kraft möchte andere ergreifen und lebendig machen. Seine gesunden Hände möchten ganz selbstverständlich diesen Menschen erfassen, ihn da lebendig machen, wo er erstarrt ist. Er geht auf diesen Menschen zu – aber da wird diese Bewegung gestört.

Pharisäer und Schriftkundige werden neugierig. Ist dieser Jesus nicht schon öfter aufgefallen? Sie kennen die Gesetze genau. Sie haben ihn schon länger im Auge. Der bringt es fertig und setzt sich darüber hinweg.

»Moment!« – sagen sie und lauern in ihren Augenwinkeln; »warte, sag: ist das recht, am Sabbat zu heilen?« Sie wissen genau, daß das Gesetz es verbietet, an diesem Tag zu arbeiten, auch, gesund zu machen.

Jesus weiß es auch, aber er weiß gleichzeitig um diesen Menschen da vor sich, weiß, daß dieser Mensch lange schon nicht richtig lebendig gewesen ist. Es tut ihm leid. Er möchte, daß der andere heil wird. Warum stören sie das Heilwerden?

Er wendet den Kopf, sieht sie traurig an und sagt: »Wenn euch ein Schaf am Sabbat in die Grube fällt, dann holt ihr es doch auch heraus, weil es euch leid tut;

weil es euch einfach ganz selbstverständlich ist. Und seht, dieser Mensch braucht doch noch viel dringender Hilfe. Gutes kann man doch jederzeit tun, auch, wenn Sabbat ist« (Matthäus 12,11+12).

Nun wendet er sich wieder dem Mann zu, läßt die Störer einfach stehen, ist wieder ganz bei diesem Menschen. Er gibt ihm von seiner Lebendigkeit. Er heilt ihn (nach Matthäus 12,9–13).

Gesetze sollen ja zum Leben verhelfen, nicht starr und krank machen oder gar töten.

Manchmal gibt es Augenblicke, da ist etwas ganz selbstverständlich zu tun, um des Lebens willen. Manchmal ist es einfach dran, daß etwas geschieht, damit Menschen heil werden. Ganz selbstverständlich geschieht es einfach und braucht kein Gesetz mehr.

Mir fällt wieder die Frau an der Mülltonne ein.

Ob sie irgendwann doch auf ihr Recht verzichtet? Die schwere Kiste auf der Tonne macht nur Mühe und nutzt keinem. Ob sie sie irgendwann einfach zur Seite stellt …?

Vielleicht würde mit der Kiste auch der Ärger im Bauch verschwinden und ihr Mißtrauen. Was könnte alles neu lebendig werden bei ihr und den Nachbarn …

Ob sie die Kiste irgendwann einfach zur Seite stellt?

Vom Rand in die Mitte

Wolfgang Borchert malt uns in einer Geschichte seinen Onkel vor Augen, wie er ihn als Kind erlebt hat. Dieser Mann hatte wohl einen bleibenden Eindruck bei ihm hinterlassen: groß, selbstbewußt und laut war er, konnte brüllen vor Lachen und andere mitreißen. Dabei hatte er zwei Kriegsverletzungen. Zum ersten mußte er mit nur einem Bein durchs Leben humpeln, zum anderen hatte man ihm ein Stück seiner Zungenspitze weggeschossen. Von da an mußte er mit einem Sprachfehler leben. Trotz dieser Behinderungen blieb er ein lebensfroher und lauter Mann, der selbstbewußt mitten im Leben stand. In einem Gartencafé geschieht eines Tages etwas Sonderbares.

Der Onkel bestellt lispelnd wie immer und mit diesem seltenen Zischlaut die Getränke. Der Kellner wiederholt die Bestellung und lispelte mit demselben Laut. Der Onkel wird wütend, ist überzeugt, daß der Kellner ihn nachäffen will. Grob und laut beginnt er, ihn deshalb zu beschimpfen. Dann aber stellt sich heraus, daß der Kellner seit seiner Kindheit unter dem gleichen, seltenen Sprachfehler leidet. Aber er stand nicht mitten im Leben wie der Onkel mit dem einen Bein. Er war klein, verbittert und verängstigt geworden. Bei jeder Bestellung, jeder Frage und Antwort hatten sie sich über ihn lustig gemacht, ihn mit mitleidigen oder peinlichen Blicken gestreift. Und ausgerechnet dieser Onkel, der mit einem Bein durchs Leben humpelt und mit verletzter Zunge lispelt, der richtet den Kellner auf. Mitten in diesem Gartencafé – mitten unter vielen Menschen beginnt er laut und erleichtert zu lachen. Nein, dieses arme Luder wollte ihn gewiß nicht nachäffen. Der war ja ein Leben lang gebückt und verängstigt am Rand des Lebens herumgehuscht. Kräftig klopfte er dem Kellner auf die Schulter. Recht laut, aber mit herzlicher Ehrlichkeit lädt er ihn als Gast an seinen Tisch. Und der Kellner nimmt diese Einladung tatsächlich an. Vielleicht zum ersten Mal in seinem Leben fühlt er sich stark und ohne Angst. Obwohl er in diesem Gartencafé ja Kellner ist, setzt er sich zu dem Onkel. Der hatte ihm durch seine Art, mit dem Leben umzugehen, Selbstbewußtsein gegeben. Seine leiderfüllte Vergangenheit hatte er mit wenigen Sätzen beiseitegefegt. Vom Rand hatte er ihn in die Mitte des Lebens geholt. Die Beiden wurden Freunde. Der Kellner konnte es endlich erfahren: es gibt nichts, was mich krumm machen muß – weder ein Sprachfehler noch sonst irgendwas. Keiner auf dieser Welt ist dafür bestimmt, den Kopf einzuziehen, den Rücken zu krümmen. Keiner soll gebückt und ängstlich am Rande des Lebens herumhuschen. Das muß man den Krummen, den Gebückten nur sagen und zeigen, so wie dieser Onkel es dem Kellner gezeigt hatte.

Manchmal denke ich, was da geschehen war, das hätte Jesus gut gefallen. Er hatte auch einen Blick für die, die am Rand stehen. Auf seine Weise hat er viele in die Mitte geholt.

Das könnten auch zwei Blinde vor der Stadtmauer Jerichos erzählen. In der Mitte der Stadt störten sie nur. An einem Morgen hörten sie, daß Jesus mit anderen zum Stadttor heraus käme. Deshalb schrien sie laut nach ihm. Sie hatten Angst, er könnte am Ende vorbeigehen. »Haltet doch den Mund«, fuhren andere sie an. »Ihr habt kein Recht, hier zu schreien.« Jesus hatte sie aber gehört. Er blieb stehen und rief: »Was wollt Ihr von mir?« Sie antworteten: »Wir wollen wieder sehen!« Jesus tat es weh, wie sie da am Rand saßen. Er ging auf sie zu, berührte ihre Augen und heilte sie. Das machte die Beiden überglücklich. Das Leben am Rand war zu Ende (Matthäus 20,29–34).

Diesen Beiden und vielen anderen zeigte Jesus, daß sie alle in die Mitte des Lebens gehören – ans Licht.

Wir können nicht alle Gebrechen und Krankheiten dieser Welt heilen. Aber wir können aufeinander zugehen, uns gegenseitig sagen und zeigen: es gibt nichts, was mich krumm machen muß. Das Leben am Rand gehört in die Mitte.

Er war doch der Meister der Farben

Als ich morgens das Büro einer Behörde betrat, erwartete mich eine Überraschung. Hinter einem alten Schreibtisch dieses junge Gesicht, das mir vertraut war. Schon einige Jahre kannten wir uns, aber hier hätte ich ihn nicht vermutet. Er war doch ein Zauberer mit Bleistift und Papier. Er war doch der Meister der Farben. Ich erinnerte mich an die vielen Skizzen, Zeichnungen und Bilder, die er mir vor längerer Zeit gezeigt hatte. Damals leuchteten seine Augen, als er mir von seinen Zukunftsplänen erzählte. Er wollte Kunst studieren und dabei seinen eigenen Schwerpunkt finden, seinen inneren Weg. Seine Arbeiten waren außergewöhnlich. Hier war er in seinem Element. Das war seine Sache.

Aber nun saß er dort zwischen Akten und Computerpapier, begrüßte mich mit einem verkrampften Lächeln.

Viele hätten ihm hierzu geraten, erklärte er dann. Alle würden es für einen vernünftigen Weg halten. Außerdem, das Kunststudium könnte lange werden und eine brotlose Kunst; dazu kämen die Kosten, er wäre weg von zu Hause und ganz raus, aus dem Freundeskreis.

Er redete schnell. Ich habe nur zugehört. Seine Augen waren unruhig und wichen mir aus. Ich hörte nur und sah ihn an, wußte mit jedem Augenblick mehr, daß es nicht stimmte, daß alles ganz anders war. Er redete zu schnell, glaubte sich selbst nicht ganz. So fragte ich nur, ob wir nicht in Ruhe noch einmal über alles reden sollten. – »Lieber nicht«, sagte er und wandte sich ab. Ich hätte schwören können, daß seine Augen weinten.

Diese Morgenbegegnung ließ mich lange nicht los.

Ich hatte doch erlebt, wie lebendig er über Formen und Farben sprach. Seine hellen Augen hatte ich gesehen, während er mit lässiger Hand eine bezaubernde Landschaft entwarf mit wenigen Bleistiftstrichen. Es tat weh, was da geschehen war.

Lieber nicht, sagte er, und doch wünschte ich, daß irgendwer ihm von Abraham erzählte. Abrahams Sache war es gewesen, sich von allen vertrauten Kreisen für immer zu trennen. In ein Land sollte er ziehen, das er niemals vorher gesehen hatte (1. Mose 12, 1–9).

Wer verläßt schon gerne sicheren Boden …

Wer setzt schon alles ein, um einer Sache willen, die andere unvernünftig heißen …

Gewiß – leicht wäre es nicht geworden: längere Studienzeit, Kosten, nicht mehr im alten Freundeskreis sein …

Aber wie sicher sind diese Sicherheiten?

Sie können das Leben auch erstarren lassen, Menschen erstarren lassen in ihrer ureigenen Bewegung.

Strahlende Augen werden unruhig und weichen aus. Erfüllte Menschen können sehr leer werden. Und nicht selten verbringen sie ein ganzes Leben damit, diese Leere zu betäuben.

Manchmal werden wir unseren eigenen, inneren Weg gehen müssen, auch wenn andere ihn als unvernünftig abtun.

Dieser innere Weg wird in uns mehr und mehr Konturen gewinnen, wenn wir ihn nicht bekämpfen. Es wird ein guter Weg sein. Wir können vertrauen, daß er uns zum Ziel führt, daß wir ankommen.

Abraham hatte sich der Führung Gottes anvertraut – er war dabei wie eine Feder im Wind.

Von ihm erfahren wir auch, daß er nicht verloren ging auf seinem Weg. Gewiß, es gab Umwege und so manches Hindernis. Und doch: Abraham kam an. Er wußte sich von einer Kraft getragen, die alle menschliche Vernunft übersteigt.

Wir haben als Menschen dieser Erde die Möglichkeit, uns Gott völlig anzuvertrauen. So werden wir frei und kommen aus Erstarrung zum Leben.

Neue, gute Kräfte können sich in uns und um uns entfalten.

Ich denke wieder an ihn in seinem Bürostuhl, den Zauberer mit Bleistift und Papier, den Meister der Farben.

Ich sehe ihn vor mir, wie er unruhig auf seinem Platz sitzt und meinem Blick ausweicht. Er wird sich selbst immer wieder sagen müssen, wie vernünftig und sicher das alles ist. Ja, auf Sicherheit will er setzen – und verliert dabei kostbares Leben.

Ob ihm irgendwann jemand von Abraham erzählen wird ...?

Lisas Bande

In der letzten Zeit hab ich oft an Lisa gedacht.

Sie war damals im vierten Schuljahr. Die Stunde hatte schon längst begonnen, als sie geräuschvoll die Klasse betrat. Ihre Locken waren durcheinander geraten. Haarsträhnen klebten an der verschwitzten Stirn. »Das gibt Rache«, schnaufte sie und ließ sich auf ihren Stuhl fallen.

Natürlich fragten alle, was mit ihr los sei. Aufgeregt erzählte sie ihre Geschichte. Es war die Geschichte von zwei Kinderbanden. Lisa war stolz darauf, zu einer Bande zu gehören. Die »weiße Rose« nannten sie sich. Irgendwann hatte sich eine zweite Bande gegründet: die schwarze Rose. Beide Banden hatten sich Verstecke gebaut, kleine Hütten aus Zweigen, Ästen, alten Brettern und Stoffstücken. Irgendwann begann ihre Feindschaft. In unbeobachteten Augenblicken zerstörten sie sich gegenseitig ihre Verstecke. Immer wieder neue mußten gesucht und aufgebaut werden. Aber man wurde doch wieder entdeckt und stand vor zertretenen Ästen und zusammengeworfenen Brettern.

Diesmal hatte Lisas Gruppe sich wohl in Sicherheit gewogen. Lange Zeit blieb das Lager heil. Heute früh vor der Schule war Lisa am Versteck vorbeigegangen. Alles lag zusammengeworfen vor ihren Füßen. Die schöne weiße Rose, die sie an das Brett am Eingang gemalt hatte, war mit lauter Schmutz verschmiert.

Lisa saß in ihrer Bank und weinte. »Das gibt Rache«, sagte sie wieder, diesmal unter Tränen. »Ja«, sagte ich, »und dann rächen sie sich wieder für eure Rache, und so geht das immer weiter. Es bildet einen richtigen Kreislauf, der kein Ende nimmt. Keiner möchte ein Verlierer heißen.«

Mit runden Augen sah Lisa mich an. »Was machen wir denn nun?« »Ich glaube, man muß etwas ganz anderes machen, etwas, was die anderen sich nicht träumen lassen; man muß sozusagen aus dem Kreislauf der Rache herausspringen, auch, wenn man sich blamiert, auch, wenn andere darüber lachen und uns Schwächlinge nennen. Das ist nicht so schlimm.

Eigentlich ist *der* Sieger, der dort herausgesprungen ist. Er hat nämlich diesen bösen Kreislauf zerstört.

Zwei Bauern, die Nachbarn waren, hatten viele Jahre lang Streit miteinander. Wie es angefangen hatte, wußte keiner mehr genau. Aber sie hörten nicht auf damit, sich immer wieder gegenseitig Böses anzutun. Einer warf dem anderen Steine aufs Feld, damit der seine liebe Not mit dem Pflügen hatte. Tage später aber fand der, der die Steine geworfen hatte, seinen Weidezaun kaputt. Die Kühe waren weggelaufen. Es kostete viel Zeit und Mühe, sie wieder zu finden und einzutreiben.

Eines Abends geschah es, daß sich beide in einer engen Gasse begegneten. Der eine kam aus dem Wirtshaus und hatte viel getrunken. Hitzig schwang er seinen Stock und rief: ›Hier kommst du nicht durch, ohne daß ich dir den Rücken zerschlage.‹ Der andere stand ganz still. Dann begann er plötzlich, Grimassen zu schneiden. So merkwürdige und auch lustige Gesichter schnitt er, daß der andere ganz verwirrt war. ›Willst mich wohl auf den Arm nehmen‹, so knurrte er. Aber da hatte der Nachbar schon einen Kamm aus der Tasche gezogen und begonnen, darauf eine lustige Melodie zu blasen. Jetzt konnte der andere nicht mehr an sich halten und mußte laut lachen. Gemeinsam sollen sie dann den Heimweg angetreten haben. Man erzählt auch, daß sie von da an gute Freunde geworden sind.«

Lisa hatte gespannt zugehört. Etwas ganz anderes machen, woran niemand denkt, herausspringen aus dem Kreislauf, der nur immer weiter Böses schafft, auch, wenn andere einen auslachen ...

Wir überlegten gemeinsam, wie man das im Falle der Rosenbanden machen könnte. Und tatsächlich hatten wir Ideen. Aber es kam noch anders.

Zwei Tage später in der Pause erzählte mir Lisa: Als sie am Nachmittag ihre Hütte wieder aufbauten, kamen Kinder der anderen Bande vorbei. Sie lachten. Da rief Lisa: »Kommt doch lieber und helft uns, wenn ihr euch traut!« Tatsächlich, sie kamen. Mit vereinten Kräften wurde jetzt aufgebaut.

»Weißt du«, sagte Lisa, »als ich sie gerufen habe und sie wirklich gekommen sind, hab ich gedacht: jetzt sind wir aus dem bösen Kreis herausgesprungen.«

Ich muß jetzt so oft an Lisa denken ...

Scheinriesen

Was Menschen nicht alles anstellen, um die Größten zu sein ...

Viele Mittel sind recht, selbst wenn man sich und andere damit zerstört. »Ich bin der Größte« – das haben schon viele behauptet, Sportler und Stars, Reiche und Mächtige. Aber was heute groß erscheint, kann morgen schon klein und erbärmlich aussehen. Von einem Moment zum andern kann sich alles verändern. Dann ist der große Sportler vielleicht nur noch ein weinerliches Häufchen Unglück, krank an Körper und Seele, fallengelassen von denen, die ihm früher zugejubelt haben.

Dann ist ein Mächtiger plötzlich hilflos und ohnmächtig, seine Ziele und Ideale zusammengebrochen wie ein Kartenhaus. Und denen er einmal befohlen hat, die verlachen und verspotten ihn jetzt.

Wer und was ist wirklich groß? – Wie leicht man sich da doch täuschen kann ...

Manches, was von weitem riesig und bedrohlich wirkt, kann in Wahrheit klein und ängstlich sein. Das entdeckt man aber nur, wenn man nicht davonläuft, wenn man stehenbleibt und näher hinsieht – etwa so, wie Jim das gemacht hat.

In einer Kindergeschichte wird erzählt, wie er mit seinem Freund Lukas zusammen irgendwann in die Wüste gekommen ist. Und beinah' wäre er davongelaufen, weil plötzlich vor ihnen ein ganz großer Riese stand. Jim wollte vor Angst am liebsten sofort umkehren, aber sein Freund Lukas hat gesagt: »Warte doch, sieh erst man genau hin. Der hat ja ein ganz freundliches Gesicht. Der wirkt doch geradezu ängstlich.« – Jim mußte seinen ganzen Mut zusammennehmen, um sich den Riesen überhaupt genauer anzusehen. Dann aber konnte er erkennen, daß Lukas recht hatte. Der Riese war wirklich freundlich, und sehr ängstlich war er auch. Er hat gewartet, bis sie ihm zuwinkten und ihm erlaubt haben, näherzukommen. Immer wieder hatte der Riese erlebt, daß Menschen sofort wegliefen, wenn sie ihn gesehen hatten. Deshalb war er sehr einsam geworden. Diesmal ist es aber anders. Langsam und etwas unsicher geht er auf sie zu, Schritt für Schritt. Dabei passiert nun etwas Sonderbares. Je näher der Riese kommt, desto kleiner wird er. Und als er bei den Freunden angekommen ist, erkennen sie, daß er gar kein richtiger Riese ist, nur ein *Scheinriese*. Ein Scheinriese ist einer, der immer größer erscheint, je weiter er weggeht. Kommt er näher, erkennt man, daß er doch nur eine ganz normale Menschengröße besitzt.

Manchmal denke ich, daß viele »Riesen« doch eigentlich nur Scheinriesen sind. Menschen können niemals Riesen sein, aber oft tun sie so, als ob sie's wären. Wenn man aber mutig ist, nicht wegläuft, sondern sie näher betrachtet, dann merkt man bald, daß es nur »Scheinriesen« sind. Sie tun, als wären sie Riesen – weil sie Angst haben, klein zu sein. Deshalb bauen sie Fassaden vor sich auf oder blasen sich auf, tun so allerlei, damit andere glauben, sie wären riesengroß. Manchmal glauben sie es sogar selbst irgendwann. – Es ist ja auch nicht gerade leicht, sich einzugestehen, daß man nun einmal so riesig groß nicht ist als Mensch. Kommt eine große Wasserflut, so kann man leicht darin ertrinken. Kommt ein Wirbelsturm, kann man schnell weggepustet sein für immer.

Menschen leben ein Weilchen, aber der Wind lebt länger. Er weht noch über die Erde, wenn der Mensch längst nicht mehr da ist. So ist es nun einmal. – Ich für mein Teil will mir da gar nichts vormachen. Ich bin nun mal ein Mensch, und Menschen sind nicht besonders groß. Aber gerade dann, wenn ich das so lassen kann, gelassen annehme, dann werde ich innerlich frei – und entdecke, was *wirklich* groß ist. In anderen entdecke ich es und in mir selbst: wie groß das ist, wenn Menschen wirklich einander vertrauen können, einander beistehen in schweren Zeiten. Wie groß das ist, wie Menschen über sich selbst hinauswachsen, wenn sie sich allein von der Liebe leiten lassen bei dem, was sie tun und leben.

Großer Gott

Manchmal, frühmorgens, kommt schon der Ärger der letzten Tage in mir hoch, noch bevor ich richtig wach bin.

Quälende Gedanken ... dazu die Arbeit, die sich vor mir auftürmt ... – all das läßt mich innerlich erstarren.

An solch einem Morgen war es auch, als ich die alte Frau besucht habe. Schon längere Zeit war sie nicht mehr aufgestanden. Ihr Leben ging langsam seinem Ende zu.

»Sie starrt schon tagelang an einen Punkt ... sieht uns nicht an, wenn wir mit ihr reden.« Mit diesen Worten öffnete der Sohn ihre Zimmertür. »Nicht 'mal ihre Enkel scheint sie zu erkennen«, sagt er leise.

Auch mich nimmt die alte Frau nicht wahr. Auf meine Begrüßung reagiert sie nicht. Ich rücke mir einen Stuhl zurecht, lege meine Hand vorsichtig auf ihre. Sie starrt an die Wand. Nach einer Weile beginne ich, mit ihr zu beten.

Plötzlich ändert sich etwas. Sie hat den Blick gewandt und sieht mich an. Ich habe den Eindruck, sie will mir etwas sagen. Tatsächlich! – Jetzt bewegt sie die Lippen, formt lautlos Worte, die ich nicht ablesen kann. – Doch nun höre ich sie flüstern. Ganz nah über sie gebeugt verstehe ich, was sie sagt: »Großer Gott ...« – sagt sie ganz leise. »Großer Gott ...«, wiederhole ich und sehe sie an. »Großer Gott, wir loben dich ...« – flüstert sie kaum hörbar. Endlich habe ich verstanden. Langsam und deutlich spreche ich ihr den Liedvers vor:

»Großer Gott, wir loben dich
Herr, wir preisen deine Stärke.
Vor dir neigt die Erde sich
und bewundert deine Werke.
Wie du warst vor langer Zeit
so bleibst du in Ewigkeit.«

Unverwandt sieht sie mich an. Nie habe ich den Eindruck gehabt, daß ein Mensch genauer zuhört. Jetzt höre ich einen sonderbaren Ton. Sie summt tatsächlich einen Ton. Diesmal verstehe ich sofort. Sie will, daß ich singe. – Sonderbarerweise höre ich mich jetzt selbst singen. Ich singe, obwohl es mir eigentlich schwer fällt, alleine vorzusingen. Ich singe und vergesse völlig, daß da noch jemand im Raum ist.

»Großer Gott, wir loben dich ...«, singe ich ... – und dann noch den letzten Vers:

»Herr, erbarm, erbarme dich
Über uns, Herr, sei dein Segen!
Deine Güte zeige sich
Herr, auf allen unsern Wegen.
Auf dich hoffen wir allein
laß uns nicht verloren sein!«

Sie schließt die Augen, atmet ruhig.

Ich stehe am Bett dieser alten Frau und staune.

Die Last, die mich am frühen Morgen so starr gemacht hatte, sie ist nicht mehr da.

Es scheint etwas zu bleiben, wo die Hände leer sind ..., es scheint da Worte zu geben, wo die eigenen nicht mehr klingen.

»Großer Gott, wir loben dich …«

Die letzten Bewegungen ihres Mundes gelten diesem alten Lied. Vielleicht kennt sie es schon seit Kindertagen.

Ich staune, wie gerade das Lob sich durchhalten kann, wo alles sonst erstarrt ist.

Seitdem singt es manchmal frühmorgens in mir, noch bevor ich richtig wach bin.

Was wirklich hält

Windstärke 12

»Windstärke 12!« ruft Stefan aus dem Klassenzimmer ganz oben unterm Dach. »Windstärke 12«, ruft er auf den Schulhof hinunter und dem Papierflieger nach, den er aus dem Fenster geschickt hat. Nur ungern nimmt er zur Kenntnis, daß der Unterricht beginnt.

Für Stefan steht das ganze Leben im Augenblick auf Windstärke 12. In der Pause hat er sein Konfirmationsbild herumgezeigt. Etwas unsicher wirkt er darauf, aber auch irgendwie erwachsen. Um so lauter tobt er auf dem Schulhof herum, ständig auf der Suche nach jemandem, mit dem er seine Kräfte messen kann. Verlegen hab ich ihn nur einmal gesehen, als er einen Liebesbrief in die hintere Bank schmuggelte. Dort sitzt Silke. Die mag er besonders.

Eine wichtige, aber keineswegs leichte Zeit, so ein Übergang: kein Kind mehr, aber noch lange nicht erwachsen – und so vieles, was ihn umtreibt: die Scheidung seiner Eltern, die erste Liebe, die schlechten Noten und einiges, was ich nur ahnen kann.

Ständig verliert er den Boden unter den Füßen. Die Wellen um ihn schlagen hoch; Windstärke 12 – und keiner weiß, ob und wann er wieder festen Grund gewinnt. Was kann denn da noch halten?

Bei Windstärke 12 muß ich an Petrus denken. Der

Wind macht auch ihm und seinen Freunden zu schaffen an einem Abend. Auf einem Schiff befinden sie sich und mitten auf dem See. Aus dem Wind wird Sturm. Die Wellen schlagen hoch; der Schiffsboden wankt unter den Füßen. Da, plötzlich, im Dunkeln und mitten in all der Turbulenz erkennt Petrus, daß Jesus vorübergeht auf dem Wasser. Seine Worte klingen wie fester Grund: »Habt keine Angst; ich bin's, fürchtet euch nicht!«

Das klingt »haltbarer« als jede Schiffsplanke. »Wenn du's bist, dann sag mir, daß ich zu dir kommen soll über das Wasser!« Mitten im Sturm hört Petrus die Antwort: »Komm her!«

Er steigt aus dem Schiff, geht tatsächlich hinüber, kommt auf Jesus zu, mitten auf dem Wasser im Sturm. Das Wasser trägt wie das Wort dieses Jesus, das ihm noch in den Ohren klingt: »Komm her!«

Ja, es gelingt diesem Petrus tatsächlich, vom Schiff aufs Wasser hinüberzugehn; es gelingt auch deshalb, weil Petrus das Ziel fest im Blick hat und das Wort des Freundes im Ohr. Darauf war immer Verlaß gewesen. Aber dann verlieren sich seine Augen auf dem Wasser, sehen die hohen Wellen, sehen, wie dort, wo er läuft, so gar nichts stabil ist, nichts halten kann. Da schwankt der Wasserboden, schlägt über ihn hinweg; er versinkt in den Wellen. Aber da, im Hineinsinken, im Wegtauchen besinnt er sich wieder auf das, was immer gehalten hat. So schreit er: »Herr, hilf mir!« – Und der tut's, streckt die Hand aus, hält ihn fest.

Mitten in der stürmischen See finden sich ihre Blicke, gewinnt Petrus wieder Boden unter den Füßen und Halt (Matthäus 14,22–31).

Ich weiß, es gibt Zeiten, da ist auch bei mir Windstärke 12 angesagt. Die Wellen schlagen über mir zusammen. So vieles bricht gleichzeitig über mich herein – unvorstellbar, da je herauszukommen. Ich tauche ab, fürchte zu ertrinken in dem, was mich umtreibt. Nichts hilft dann so sehr wie ein ehrliches Gegenüber, von dem ich weiß: auf sein Wort ist Verlaß.

Deshalb wünsche ich Stefan, daß ihn mitten in Windstärke 12 noch Worte oder Hände erreichen, denen er traut; daß ihn noch Menschen erreichen, auf die er sich einlassen kann; ein Freund, eine Nachbarin, ein Lehrer vielleicht – Menschen, die ehrlich mit ihm sind, ihm auch Widerstand geben und dadurch ja gleichzeitig Halt.

Ich denke, durch solche Menschen kann Gott zu uns sprechen, mitten in Windstärke 12: »Hab keine Angst; ich bin's, fürchte dich nicht.«

Böse Worte

»Böse Worte sagt man nicht!« Das haben wir schon als Kinder gelernt. Aber das Verbotene ist ja immer interessant. Ich erinnere mich an eine ganze Reihe von diesen sogenannten »bösen Worten«. Schimpfworte waren das, derbe und grobe. Wenn wir alleine waren, meine Schwester und ich, dann machten wir uns manchmal einen Spaß daraus, sie der Reihe nach herunterzusagen.

Heute bin ich gar nicht mehr so sicher, ob diese Worte wirklich so böse sind. Ich weiß nämlich inzwischen von ganz anderen bösen Worten. Die klingen im ersten Moment nicht so derb und grob wie manches Schimpfwort. Sie werden einfach so ausgesprochen im Alltagston, oft sogar mit freundlichem Klang. Aber sie können Menschen unsagbar quälen, können Jahre und Jahrzehnte mit einem gehen. Sie haben Menschen schon zur Verzweiflung gebracht.

Mein Onkel ist nun schon viele Jahre tot. Aber die Worte weiß ich heute noch, die ihn so lange Zeit gequält haben. Wohl mehr als hundert Mal hat er sie mir wiederholt; wohl mehr als tausend Mal sind sie ihm durch den Sinn gegangen, haben sie ihn verfolgt, manchmal bis in seine Träume.

Damals in der Kriegsgefangenschaft, da gab es einen jungen Soldaten, der ihre Arbeit kontrollierte. Weiß der

Himmel, weshalb dieser Bursche ihn vom ersten Tag an nicht ausstehen konnte. Bei der Essensverteilung kam mein Onkel oft schlechter weg als andere; und die mühsamste Arbeit bekam er häufig zugeteilt. Aber das Schlimmste von allem war jener Satz, den dieser junge Mann mehrmals zu ihm gesagt hatte. Es war immer dann passiert, wenn Gefangene ausgesucht wurden zum Heimtransport. Mein Onkel war schon ganz krank vor Heimweh. Was hätte er darum gegeben, endlich dabei zu sein, seine Frau wiederzusehen und seine Kinder, Eltern, Bekannte, den Hof und das Land. Aber immer, wenn dieser Bursche durch die Reihen ging und an ihm vorüberkam, hat er zynisch gelächelt und mit sanfter Stimme gesagt: »Du bist noch nicht dran, noch lange nicht.« Das waren keine groben Schimpfworte, und doch waren diese Worte so böse, wie er sich böser keine vorstellen konnte. Bei Tage haben sie ihn gequält und bei Nacht oft nicht schlafen lassen. Und er konnte sich ja nicht wehren. Das hätte alles nur noch schlimmer gemacht. – Sehr viel später als seine Kollegen ist er dann endlich nach Hause gekommen.

»Du bist noch nicht dran – noch lange nicht.« Ein Wunder, daß diese Worte ihn nicht zur Verzweiflung gebracht hatten. Nichts und niemand konnte ihn trösten; nur eins war ihm noch geblieben, was Tag und Nacht angetreten war gegen seine Qual. Das waren wiederum Worte; genau genommen zwei Sätze nur. Den einen hatte seine Frau zu ihm gesagt, bevor er gehen mußte.

»Ich werde auf dich warten und jeden Tag an dich denken.« Diesen Satz hat er immer wieder vor sich hin gesagt, wenn die bösen Worte ihn gefangen nehmen wollten. Tief in seinem Innern wußte er, daß es so war, wie seine Frau gesagt hatte.

Von der Wahrheit des zweiten Satzes war er genauso

überzeugt. Es war ein Satz aus der Bibel. Als Kind hatte er gelernt, daß Gott ihn einmal zu Josua gesagt hatte. »Ich will dich nicht verlassen noch von dir weichen«, spricht Gott (Josua 1,5b).

Ein Stück geschenkte Sprache, die Worte seiner Frau und die Worte Gottes – ein Stück geschenkte Sprache, das ihm überleben half.

Böse Worte, die treffen uns manchmal hinterrücks. Wir können gar nicht immer ergründen, aus welchem Dunkel sie kommen. Sie können uns wer weiß wie lange quälen. Es gibt erstaunlich wenig, was gegen sie antreten könnte. Aber ich bin sicher: jeder Mensch trägt in sich einen wenigstens kleinen Schatz geschenkter Sprache. Irgendwer hat uns Worte gesagt, die ganz tief in uns hineingesunken sind. Vielleicht haben wir sogar vergessen, daß sie da sind. Sie sind geblieben, weil sie wahrhaftig waren, weil sie aus dem Urgrund der Liebe heraus formuliert worden sind. Vielleicht kann ja auch uns dieses alte Wort von Gott an Josua wieder zu einem Stück geschenkter Sprache werden.

»Ich will dich nicht verlassen noch von dir weichen«, spricht Gott.

Und wer hält Anna Berger?

Es ist gerade halb acht, als Frau Berger die Arztpraxis schon wieder verläßt. Sie hatte sich sehr früh aufgemacht. Eigentlich hätte sie ja Zeit gehabt, aber in einem Wartezimmer konnte sie es noch nie lange aushalten, auch jetzt, mit 74 Jahren nicht. Sie geht den Umweg durch die Grünanlagen. Der Straßenlärm stört sie. Außerdem hat sie Angst, daß diese lästigen Schwindelanfälle wiederkommen. Dann ist es schon besser, eine Bank steht in der Nähe, oder man kann sich mal kurz an einen Baum lehnen.

»Alles in Ordnung«, hatte der Arzt ihr gesagt und hinzugefügt: »es gibt wohl viele Krankheiten, bei denen Schwindelanfälle auftreten, aber die Untersuchungsergebnisse zeigen, Sie haben keine davon.« Eigentlich eine gute Nachricht, ... aber woher kommen die Beschwerden dann? Heute früh beim Aufwachen ging es doch schon wieder los. Sie hat geträumt ..., was war das noch? ... Ach ja, diese Treppe ... Sie steht ganz oben auf einer Treppe. Plötzlich verliert sie das Gleichgewicht und fällt hinunter, fällt und fällt, ... wacht auf und spürt erleichtert ihr Bett unter sich. Dann dreht sich wieder alles, und es dauert eine Weile, bis sie endlich aufstehen kann. Solche Träume hatte sie früher nie.

»Ich habe gar keine Zeit zum Träumen«, hatte sie manchmal im Scherz gesagt. – Es gab immer viel zu tun, im Büro ihrer Speditionsfirma, daneben der Haushalt, die Kinder ... Nach dem Krieg mußte man neu anfangen, »mit nichts«, hatte ihr Mann immer gesagt. Aber er war eben da; und gute Freunde gab es auch, gemeinsame Ziele und viel neue Hoffnung. Das war nicht nichts; das war eigentlich ganz viel, denkt Frau Berger und geht noch langsamer aus der Anlage zum Bürgersteig ihrer Straße. Wie wir doch Hand in Hand gearbeitet haben, denkt sie weiter, richtig aufeinander eingespielt ... Jetzt ist es völlig egal, wann ich was tue oder sage. Niemand reagiert darauf, gibt Antwort, widerspricht oder spricht weiter. Alles fällt irgendwo ins Nichts. Frau Berger atmet tief durch. Sie hat das Mietshaus erreicht, in dem sie wohnt.

Im Treppenhaus wird ihr plötzlich wieder schwindlig. Schnell lehnt sie sich ans Geländer. Da spürt sie einen festen Griff am Oberarm. Sie hebt den Kopf und sieht – zuerst verschwommen, doch dann immer klarer – in das Gesicht einer jungen Frau.

»Was ist mit Ihnen?«, fragt sie. Frau Berger hört gleich den fremden Akzent in ihrer Stimme. »Ach, nichts weiter«, sagt sie schnell, »es geht schon wieder.« Sie versucht, ihren Arm wegzuziehen.

Die junge Frau aber läßt nicht los. Zusammen mit Frau Berger geht sie die Stufen hinauf. »Wie fest sie doch zupacken kann«, schießt es Frau Berger durch den Kopf. Der Griff am Oberarm tut ihr fast weh, aber sie sagt nichts. Erst vor der Wohnungstür löst sich die Hand von ihrem Arm. Die junge Frau stellt sich vor. Sheila heißt sie. Den Nachnamen kann sich Frau Berger nicht merken.

Seit einer Woche wohnt Sheila mit ihrer Familie hier im Haus. Sie strahlt: endlich eine Wohnung gefunden ..., – über acht Monate mit vier Personen in einem Zimmer gelebt ... Frau Berger nickt nur.

»Ich bin Anna Berger«, sagt sie dann und will sich verabschieden. Aber da hört sie die unerwartete Frage: »Und wer ist Anna Berger?« Erstaunt sieht sie die junge Frau an. Das ist so egal, denkt sie, aber sie sagt: »Das ist eine lange Geschichte.«

Sheila nickt. »Wenn Sie möchten, komme ich später wieder, ... die Geschichte hören.«

Am Nachmittag kommt Sheila wirklich wieder. Sie hat viel davon gehört, wer Anna Berger ist. Anna Berger hörte mit der Zeit, wer Sheila mit dem schweren Nachnamen ist.

Die Schwindelanfälle wurden immer seltener, und wenn sie wirklich wieder einmal kamen, war Sheila ja meistens irgendwie in der Nähe ...

Birnensegen

Ob Sie wohl auch den alten Ribbeck kennen, Herrn von Ribbeck auf Ribbeck im Havelland ...?

Fontane schrieb ein Gedicht über ihn. Viele haben es in der Schule gelernt. Das Gedicht erzählt von einem wunderbaren Birnbaum, der in Ribbecks Garten steht. Jedes Jahr im Herbst trägt er so gute Früchte, saftige gelbe Birnen. Um die Mittagszeit stopft der alte Mann damit seine Taschen voll. Wenn er aber zuhause ankommt, hat er nur noch einige. Viele verteilt er auf dem Weg. Er verschenkt sie an Kinder. »Komm, ich geb' dir 'ne Birne!«, ruft er ihnen zu. Die Kinder nehmen sie gerne. Sie schmecken so saftig und süß.

Manchmal habe ich mir vorgestellt: Was wäre wohl gewesen, wenn ich selbst als Kind vor vielen Jahren dem alten Ribbeck begegnet wäre ... Natürlich wäre mir das Wasser im Mund zusammengelaufen, denn ich mochte Birnen sehr gern. Aber dennoch: ich hätte sie vermutlich nicht genommen. Von Fremden nimmt man nichts an, hatten sie mir beigebracht. Und oft genug schon hatte ich erlebt: wer etwas gibt, der will etwas dafür.

»Komm, ich geb' dir 'ne Birne!«, so hätte Ribbeck gerufen, aber ich wäre nicht gekommen. Ich hätte seinen Worten nicht getraut. »Meint er wirklich, was er sagt?«, so hätte ich mich gefragt. »Will er mir wirklich nur eine Freude machen, oder stecken böse Absichten hinter den freundlichen Worten?« Daß es so etwas gibt, hatte ich schon früh gelernt. Ein schmerzlicher Moment in jedem Kinderleben: plötzlich merkt man, daß Worte nicht immer stimmen. Manchmal ist etwas anderes dahinter, als die Worte sagen. Das macht uns Menschen schwer zu schaffen, als Kinder und Erwachsene, eigentlich ein Leben lang.

Dabei ist es doch für uns alle lebensnotwendig, daß wir vom ersten Tag unseres Daseins an erfahren: andere sind verläßlich und meinen es ehrlich. Die guten verläßlichen Worte und Taten von Eltern bewirken, daß Kinder Mut zum Leben gewinnen.

Eine gehörige Portion Vertrauen braucht jeder Mensch zum Leben. Zu viel falsche unehrliche Worte können Menschen krank und einsam machen. Dann traut man irgendwann niemandem mehr.

Um so wichtiger sind Menschen, deren Worte stimmen – so wie die Worte des alten Ribbeck. Er hatte wirklich ein gutes Herz. Und aus diesem Herzen kamen gute Worte. Auch gute Worte wirken erstaunlich lange weiter, nachdem sie längst gesprochen worden sind. Bei Ribbeck wirkten sie bis über seinen Tod hinaus. Die Kinder, die später über den Friedhof liefen, die konnten dort merken, wie gut es der alte Ribbeck gemeint hatte, wie ehrlich seine Worte waren. Auf seinem Grab war nämlich inzwischen ein Birnbaum gewachsen. Ribbeck hatte gewußt, daß sein Sohn kein so gutes Herz hatte. Der würde den Kindern keine Birnen schenken, das hatte er schon geahnt. Deshalb wollte er auch unbedingt eine Birne ins Grab bekommen. Diese Birne hatte sich mit den Jahren zu einem Baum entwickelt. So hatte Ribbeck sichergestellt, daß Kinder auch nach seinem Tod noch Birnen bekamen. – Dort am Grab unterm Birnbaum sollen sie noch immer die guten Worte Ribbecks gehörten haben: »Komm, ich geb' dir 'ne Birne!«

Ob die Worte nun wirklich im Birnbaum rauschten, oder ob die Kinder sich nur an das erinnerten, was Erwachsene ihnen erzählt hatten aus der Zeit, als sie selber Kinder waren und der alte Ribbeck noch lebte ..., – was tut es zur Sache. Wichtig ist allein: die Worte waren noch da und taten ihre Wirkung. »Komm, ich geb' dir 'ne Birne!«, hörten die Kinder. Und sie sind gekommen. Der alte Ribbeck war wirklich ein Segen. – Wer weiß, denke ich heute manchmal; – vielleicht hätte er mich ja doch überzeugt, wäre ich damals dabeigewesen. Wie jammerschade, wenn der Birnensegen an mir vorübergegangen wäre.

Sprich nur ein Wort

Gerade war noch alles gut, aber ganz plötzlich fängt die kleine Silke laut zu weinen an. Ihre Spielsachen hat sie fallengelassen und läuft zu uns herüber an den Tisch, geradewegs auf ihre Mutter zu. Sie streckt ihr einen Finger entgegen. Den hat sie sich irgendwie beim Spielen eingeklemmt. Ihre Mutter nimmt sie in den Arm und bläst über den Finger. »Heile heile Segen«, sagt sie und bläst noch einmal. Dann sagt sie wieder: »Heile heile Segen, morgen gibt es Regen, übermorgen Sonnenschein, gleich wird alles besser sein.«

Silke hat genau zugesehen und zugehört. Die Tränen laufen noch über ihr Gesicht, aber sie weint nicht mehr. »Nochmal!«, sagt sie dann und sieht ihre Mutter an. Das Ritual wird wiederholt mit denselben Worten. Ich sehe, daß der Finger noch rot ist, aber Silke wirkt beruhigt. »Ist es besser?«, frage ich. Sie nickt, zieht ihre Hand zurück und läuft wieder zu ihren Spielsachen.

Die Kleine hatte sich gehörig den Finger eingeklemmt, das konnte man sehen. Dieser kleine Finger hat bestimmt auch noch weh getan, als sie wieder zurückgegangen ist, um weiterzuspielen. Und trotzdem hat sie aufgehört zu weinen, hat sie sich trösten lassen von dem Pusten und den wenigen Worten ihrer Mutter. Obwohl es noch weh getan hat, war es nicht mehr so schlimm für sie. Sie hatte ja erlebt: es ist jemand für mich da, wenn etwas weh tut. Da hält mich jemand fest, der es gut mit mir meint. Diese schlichte Erfahrung tritt an gegen den Schmerz, öffnet den Horizont über den Schmerz hinaus. »... übermorgen Sonnenschein, gleich wird alles besser sein ...«

Der Schmerz ist nicht das Letzte. Er wird dich nicht verschlingen. Wir sind für dich da, und es wird weitergehen, über den Schmerz hinaus. Wer diese Botschaft empfängt, der kann es mit dem Leben wieder aufnehmen, auch, wenn es noch weh tut. Es hat sich eine Kraft entwickelt neben dem Schmerz, eine gute Kraft, die Schmerz und auch Krankheit entgegenwirken kann.

Ich bin sicher, wir Menschen können Worte haben, die zum Gegengewicht werden gegen den Schmerz. Manchmal haben wir sogar Worte, die heilen, die gesund machen können.

»Sprich nur ein Wort«, hat einmal ein Hauptmann zu Jesus gesagt. »Sprich nur ein Wort, und mein Knecht wird gesund. Er ist schwer krank, liegt in meinem Haus, gelähmt und von heftigen Schmerzen geplagt. Er ist zwar mein Knecht, aber er ist mir so lieb geworden wie ein eigener Sohn. Ich habe dich deshalb gesucht. Jetzt bin ich hier und bitte dich: sprich nur ein Wort. Du brauchst nicht in mein Haus zu kommen. Sprich nur ein Wort und ich weiß, er wird gesund werden.« – Jesus ist erstaunt, daß dieser Mann seinem Wort so viel zutraut. So ein Hauptmann, ein Hundertschaftsführer wohl, der setzt auf militärische Ordnung, auf kalkulierbare Situationen – und vielleicht auf die Sprache der Waffen. Erstaunlich, daß dieser hier den Worten eines Wanderpredigers so viel zutraut.

Jesus sagt ihm deshalb: »So, wie du auf mein Wort vertraut hast, so wird es geschehen.« – Der Knecht ist gesund geworden in dieser Stunde (Matthäus 8,5–13).

Dieser Hauptmann damals, der muß etwas davon geahnt haben, was hinter den Worten Jesu steht. Er hat ganz real mit dieser göttlichen Kraft gerechnet, die besonders durch Jesus Menschen berühren konnte, die heilen und gesund machen konnte.

In manchen guten Augenblicken erlebe ich, daß diese Kraft noch immer da ist, ja daß sie auch durch unsere Worte wirken kann. Wo wir uns offen halten für diese Kraft, werden wir manchmal Worte haben, die den Horizont öffnen über den Schmerz hinaus. Dabei ist nicht entscheidend, welcher Art dieser Schmerz ist, ob er den Körper quält oder die Seele leiden läßt. Menschen können erleben: sie müssen sich nicht verlieren in dem, woran sie so leiden. Sie sind gehalten, und es wird weitergehen, darüber hinaus.

Ich weiß, in manchen Augenblicken können wir sogar Worte haben, die heilen, die gesund machen.

Wie der schönste Name der Welt

Kennen Sie eigentlich die Geschichte Ihres Vornamens? Wie ist es dazu gekommen, daß Sie so und nicht anders heißen?

Fast jeder Name hat eine Geschichte. Eltern und Angehörige machen sich viele Gedanken, bevor sie den Namen für ein Kind gefunden haben. So einen Namen hat man ja fürs ganze Leben. Und außerdem: Namen sind nicht nur irgendwelche Worte. Von manchen wissen wir, was sie bedeuten. Aber was noch mehr zählt: Wir haben Erfahrungen gemacht mit Menschen, die diese Namen tragen. Wenn sie gut waren, dann mögen wir auch die Namen. Waren es schlechte Erfahrungen, haben wir auch oft mit den Namen Probleme. Manchmal ändert sich auch plötzlich unser Verhältnis zu einem Namen.

So war es bei Frau Sander vor langer Zeit. Sie hat einmal erzählt, wie enttäuscht sie war, als sie zum ersten Mal den Namen ihres späteren Mannes gehört hat. »Eberhard«, sagte sie. »Da gibt es so viele Namen auf der Welt, und der heißt ausgerechnet Eberhard. Diesen Namen habe ich nie gemocht. Das lag an dem Nachbarn, den wir hatten, als ich noch ein Kind war. Der hieß Eberhard und schimpfte wegen jeder Kleinigkeit. Einmal hatte ich mein Fahrrad an seinen Zaun gelehnt.

Gleich tobte er fürchterlich. Im Sommer haben wir heimlich Zweige von seinem Kirschbaum herübergezogen und von den Kirschen gegessen. Dabei hat er uns erwischt und wollte uns verprügeln. So kam es, daß meine Geschwister und ich den Namen Eberhard nicht mochten. Später habe ich aber einen ganz anderen Eberhard kennengelernt, einen lustigen Kerl, der aber auch ernst sein konnte, wenn's draufankam. Auch gutmütig war er und sehr einfühlsam. Er gefiel mir vom ersten Augenblick an, und mit der Zeit gefiel mir auch der Name besser. Ich hätte nie gedacht, daß dieser Name mir einmal gefallen könnte.«

Frau Sander hat damals eine wichtige Erfahrung gemacht. Ein Name kann für mich schlecht klingen, oder er kann mir gleichgültig sein. In dem Augenblick aber, wo ich einen Menschen mit diesem Namen mag, ist alles anders. Sein Name klingt gut in meinen Ohren. Und wenn ich gar jemanden liebe, dann kann es sein, ich sage seinen Namen leise vor mich hin. Er klingt wunderbar, wie der schönste Name der Welt. – Und umgekehrt: Wird ein Mensch bei seinem Namen gerufen, dann hört er sehr genau, wie der zu ihm steht, der ihn ruft.

»Ich habe dich bei deinem Namen gerufen« (Jesaja 43,1). Diese Worte läßt Gott vor langer Zeit dem Volk Israel sagen. Mitten hinein in eine jämmerliche, ausweglose Situation läßt Gott diesem Volk sagen: Du mußt dich nicht länger fürchten. Ich bin für dich da. Ich mache dich frei von allem, was dich quält. Ich kenne dich mit Namen und rufe dich. Bei mir bist du geschützt und geborgen.

Vor einer Weile habe ich Kindern davon erzählt. Ich wollte ihnen verständlich machen, daß Gott sich in dieser Art auch uns heute zuwenden kann. »Man kann es sich vorstellen«, sagte ich, »als ob Gott auch uns heute beim Namen ruft.« – »Hab ich nicht gehört ...«, murmelt ein Junge, einer von denen, die nur zu oft am Tag gerufen werden, – aber meist mit strenger Stimme … »Es ist ein Vergleich«, habe ich ihm gesagt. »Er soll nur zeigen, wie Gott sich zu uns verhält.« Das beschäftigt ihn, und er fragt: »Wie würde sich das anhören, wenn er mich ruft?« In diesem Moment erinnere ich mich an Frau Sander und antworte: »Es könnte sich so anhören, wie wenn dich jemand ruft, der dich sehr lieb hat. Dein Name hört sich an, wie der schönste Name der Welt.« – So einfach?, denke ich bei mir selbst … Aber dann sehe ich in das strahlende Gesicht dieses Jungen. Gar nicht zu einfach, denke ich heute. Ich wünschte, jeder Mensch würde jeden Morgen beim Aufwachen seinen Namen hören, ausgesprochen von jemandem, der ihn liebt. Wie unsagbar heilsam wäre das, wieviel Mut zum Leben könnte es geben, wieviel gute Kräfte würden aktiviert, noch bevor der Tag so richtig beginnt.

Ein Stückchen heimgekommen

So große Angst hatte Frau Schmidt vor der Operation. Aber nun war alles gut überstanden. Noch blaß lag sie dort in den Kissen in ihrem Krankenzimmer. Ihre Augen jedoch strahlten. »Daß alles so gut werden würde, das hätte ich nicht gedacht«, sagt sie. »Vor der Operation habe ich mich gefürchtet, aber auch davor, mit einem wildfremden Menschen in einem kleinen Zimmer zusammenzusein. Wenn es mir nicht gut geht, bin ich am liebsten allein.«

Wie gut ich Frau Schmidt verstehe. »Und nun?« frage ich und sehe auf das leere, ungemachte Bett gegenüber. »Wie kommen Sie zurecht?« »Hatte ich ein Glück!«, sagt Frau Schmidt und lächelt. »So ein lieber Mensch wie meine Nachbarin, das ist wirklich was Besonderes. Jetzt ist sie gerade mit ihrem Mann ein wenig rausgegangen; aber denken Sie nur: vom ersten Augenblick an haben wir uns gut verstanden. Ganz seltsam war das. Mit Herzklopfen mach' ich die Tür auf, sehe mich um in diesem Krankenzimmer, sehe die Frau an und grüße vorsichtig. Sie nickt nur freundlich und liest weiter in ihrem Buch. Ob Sie es glauben oder nicht: von diesem Moment an war ich hier wie zuhause. Und das ist auch so geblieben.

»Sie hat mich nicht ausgefragt, war einfach nur da. Wir haben gar nicht viel miteinander gesprochen am

Anfang. Aber in der Nacht nach meiner Operation, da hatte ich Schmerzen und etwas Fieber. Plötzlich habe ich gemerkt, daß sie aufgestanden war. Mit einem feuchten Waschlappen hat sie mir die Stirn gekühlt. Zuerst war es mir fast peinlich. Sie sagte kein Wort, und ich brachte auch nicht mehr heraus, als ein gequältes ›Dankeschön‹. – Lange hat sie das gemacht, mir die Stirn gekühlt und die Lippen angefeuchtet. Ich hatte ja so großen Durst und durfte noch nichts trinken. Ich bin es gewohnt, für mich selbst zu sorgen. Und nun war da plötzlich ein wildfremder Mensch, der mir geholfen hat. In dieser Nacht hab' ich mich an meine Mutter erinnert. Wenn ich als Kind Fieber hatte, dann hat sie mir auch oft ein feuchtes kühles Tuch auf die Stirn gelegt. Ist das nicht sonderbar? Da geht man in ein fremdes Zimmer, begegnet einem fremden Menschen und ist in wenigen Augenblicken irgendwie zuhause. Es geht mir ja jetzt noch so, wenn ich von einer Untersuchung zurückkomme. Das ist immer aufregend, was die so mit einem anstellen. Aber dann komme ich durch die Tür hier und werde wieder ganz ruhig. Können Sie das verstehn?«

Ich verstehe sie nur zu gut. Deshalb erzähle ich ihr, daß auch ich schon in Häuser gekommen bin, die mir fremd waren und dann überraschend in wenigen Augenblicken etwas davon erlebte, nach Hause zu kommen. Das hatte aber nichts mit den Bildern zu tun, die dort an den Wänden hingen, auch nichts mit den Möbeln, die dort standen. Es hatte mit den Menschen zu tun, die mir dort begegnet sind. Es war ihre Art, dieses Leben zu verstehen und damit umzugehen, ihre selbstverständliche Menschlichkeit. Ihre Gedanken und Worte eröffneten vertraute Räume in wenigen Augenblicken.

In solchen Momenten habe ich geahnt, was Jesus auch gemeint haben könnte mit den Worten: »In meines

Vaters Haus sind viele Wohnungen« (Johannes 14,2). Das haben ja auch seine Freunde erlebt. Auf einmal hat einer zu ihnen gehört, der kurz vorher noch ein Fremder war. Immer wieder erleben Menschen, daß man plötzlich heimkommt, so wie Frau Schmidt dort im Krankenhaus.

Wenn ich sie wiedersehe, kann ich ihr erzählen, daß der Frauenkreis meiner Gemeinde mir einmal ein Gästebuch geschenkt hat. Auf den ersten Seiten haben sich alle als meine Gäste eingetragen.

Ich weiß, sie haben es in einem tieferen Sinn gemeint. Sie wollten damit sagen, daß wir beieinander ein Stück heimgekommen sind.

Es ist genug

Es gibt Zeiten, in denen hilft kein Schulterklopfen mehr und keiner, der sagt: es wird schon werden. Es gibt eine Zeit, da ist es einfach genug.

Auch der Stärkste kann manchmal am Ende sein, – vielleicht von einem Augenblick zum andern.

Jahrelang erträgt man eine schwere Last, aber plötzlich geht es nicht mehr. Lange hat man denen die Stirn geboten, die ungerecht und boshaft ihr Spiel trieben. Irgendwann hält man nicht mehr stand, möchte weglaufen und nicht mehr wiederkommen, aufgeben, wie Elia.

Elia – der hatte sich so sehr eingesetzt für die Sache Gottes. Mit Feuereifer war er dabei gewesen. Es ging ja darum, Menschen wieder zu erinnern, wer ihr Gott war. Er hatte es ihnen gezeigt, und doch kam dieser schwarze Tag. Eine feindliche Drohung ging ihm durch Mark und Bein. Es kam dieser Augenblick, an dem er aufgegeben hat. »Nein«, hat er gesagt, »ich kann nicht mehr. Es ist genug. Weglaufen und nicht mehr wiederkommen ...«

Er geht in die Wüste. Am Rand läßt er den letzten Menschen zurück, der ihm vertraut ist. Ganz allein läuft er durch den Sand. Irgendwann tragen ihn seine Beine nicht mehr. Er kriecht unter einen Ginsterstrauch. Hinlegen und nicht mehr aufstehen wollen ...

Zu Gott sagt er noch: »Ich bin am Ende. Mir geht es nicht besser als anderen vor mir. Laß mich sterben. Es ist genug.«

Was dann geschieht, erstaunt mich immer wieder. Kein göttliches Mahnwort vom Himmel herab, kein Gott, der ruft: so reiß dich doch zusammen! – Nein, so, wie dieser Mensch daliegt, in sich verkrochen, so nimmt Gott ihn an. Er darf liegenbleiben.

Dann aber macht Gott sich selber auf und kommt ihm entgegen. Hat Elia das gemerkt?

Irgendwann schlägt er die Augen auf. Jemand hat ihn berührt.

Mitten in der Wüste ist plötzlich jemand neben ihm. Gerade unter seinen Strauch hat sich diese Gestalt gebeugt – ihm wortlos die Hand auf den Arm gelegt.

Ein Engel, so sagen sie später, ein Bote, vielleicht ein Beduine, irgendeiner.

Wichtig ist die Hand auf Elias Arm. Wichtig ist: da hat ihm einer zu essen gebracht und Wasser. Elia braucht nichts zu sagen, nichts zu erklären.

Wie eine Mutter mit ihrem Kind, geht Gott mit Elia um.

Durch einen andern berührt er ihn, nimmt ihn ernst, ist ihm ganz nah und stärkt ihn.

Ja, diese Zeiten gibt es auch bei uns; da hilft kein Argument mehr, kein aufmunterndes Schulterklopfen und keiner, der sagt: so reiß dich doch zusammen. Nur den können wir noch ertragen, der uns ernst nimmt, so, wie wir am Boden liegen, der uns nahekommt, anrührt und stärkt, ohne etwas zu fordern oder zu erwarten.

Warum sollte Gott uns nicht auch heute so menschlich begegnen?

Ich denke, er tut es da, wo wir hingehen und dem

nahe sind, der aufgegeben hat. Wir können einfach neben ihm sein, ihn stärken. Das wird ihm guttun.

Ein Nachbar, eine Kollegin kann so zum Boten Gottes werden. Vielleicht, daß einer sagt: Ruh dich aus, ich übernehme so lange deine Pflicht, oder: Komm, du brauchst jetzt selber Stärkung. Ich pflege solange den Kranken. Vielleicht, daß einer mit mir weint und bei mir bleibt für eine Weile, bis ich dem Leben wieder neu ins Gesicht sehen kann.

»Steh auf und iß, denn du hast einen weiten Weg vor dir.« So hat der Bote damals dem Propheten gesagt. Es gibt einen neuen Weg! Das hätte Elia nicht geglaubt, als er sich unter den Strauch zum Sterben gelegt hatte.

Es gibt einen neuen Weg. Das glaubt so mancher nicht, der einmal verzweifelt aufgegeben hat.

Wir können uns nicht immer wieder selber aufrichten. Den neuen Weg, den müssen wir nicht immer selber finden. Manchmal werden wir darauf angewiesen sein, daß er uns geschenkt wird.

Immer schon wird von Gott berichtet, daß er der ist, der neue Wege eröffnet, wo Menschen meinen, daß alles zu Ende sei. Von sich aus kann er auf Menschen zukommen, uns herausholen aus all den Winkeln, in denen wir uns verkrochen haben, um nicht mehr aufzustehen.

Elia und viele andere erzählen uns das noch heute.

Mit dem würd' ich aufs Hochseil gehn

Vorgestern habe ich Katrin getroffen – mitten in der Großstadt. Beinahe hätte ich sie nicht wiedererkannt.

Was war aus dem stillen ängstlichen Mädchen aus der sechsten Klasse geworden? Gut sah sie aus mit dem zusammengebundenen Haar und der bunten Jacke. Sie freut sich und redet wie ein Wasserfall, erzählt von ihrem Umzug vor zwei Jahren und daß sie jetzt hier mit ihrer Mutter lebt. Die Eltern sind inzwischen geschieden. An die Zeit von damals denkt sie nicht gerne zurück, auch nicht an die Klasse, in der sie war. »Nur Markus schreibt mir noch«, sagt sie dann. »Der ist wirklich ein feiner Kerl. Der hat zu mir gehalten, wenn die anderen manchmal auf mir herumgehackt haben ...« Jetzt kommt die Straßenbahn, und Katrin muß einsteigen. Es ist laut, und ich verstehe nicht, was sie sagt. Dann höre ich: » ... mit dem würd' ich aufs Hochseil gehn!« Der Satz rauscht an mir vorbei wie die anfahrende Straßenbahn.

Irgend so ein Teenagerspruch, denke ich und winke Katrin nach. Moment, was hat sie da gesagt? – »Mit dem würd' ich aufs Hochseil gehn.« Nein, doch nicht nur so ein Spruch ... Jetzt ist mir das Bild klar vor Augen: Zirkus, ... Hochseilartisten mit waghalsigen Nummern, ... Trommelwirbel, ... zwei Menschen hoch über der Erde schwingen im weiten Bogen hin und her, versuchen, sich ganz aufeinander abzustimmen, so genau, daß selbst Bruchteile von Sekunden zählen. Dann bricht der Trommelwirbel ab. Einer springt, überschlägt sich in der Luft – und landet an den ausgestreckten Händen des anderen. Der hat fest zugepackt und nun schwingen sie beide an einem Seil.

Bei so einem Sprung hält doch jeder die Luft an. Wird die Zeit stimmen? Wird der andere so fest zupacken, daß er den ersten in seinem ganzen Schwung halten kann? Nein, – man geht nicht mit jedem aufs Hochseil. Das heißt ja, sich ganz auf den andern einlassen, sich völlig ausliefern, mitten im Sprung ...

Dabei gibt es immer wieder einmal im Leben von Menschen Zeiten, in denen sie springen müssen, Übergänge von einer Lebenssituation in eine andere: ein Ortswechsel vielleicht, andere Kollegen, eine andere Arbeit. Manchmal ändert sich auch innerlich etwas. Eine neue, wichtige Erkenntnis, eine ganz andere Idee, wie man leben will – dann muß man vielleicht auch irgendwann springen.

Für Katrin war das vor etwa zwei Jahren so: Nach langen Auseinandersetzungen hatte der Vater die Familie verlassen. Ihre Mutter mußte wieder zurück in ihren Beruf. Sie fand aber keine Arbeit auf dem Land. Katrin wollte nicht wegziehen. So viel Ängste und keine Ahnung, wie es weitergehen könnte ...

Irgendwann hatte sich Markus in der Schule neben sie gesetzt. Zuerst paßte ihr das nicht so recht. Mit der Zeit aber wurde Markus ihr ständiger Begleiter. In Katrins Leben wackelten viele Grundpfeiler, brach so mancher Boden ein. Aber mitten drin war jemand da, ein sensibler Mitschüler und Freund, Markus eben, der innerlich mitschwang mit ihrem Leben wie der zweite Artist auf dem Hochseil, bereit, auch mit zuzupacken, wenn es nötig wurde.

»Mit dem würd' ich aufs Hochseil gehn« …, sicher mehr als ein Kompliment. Wenn Menschen so etwas sagen, dann hat das etwas mit Gott zu tun, mit diesem Gott, der damals durch Jesus von Nazareth Menschen begegnet ist. Für einige von ihnen wurde er derjenige, der sie aufgefangen hat, weil sie ihm vertraut haben, aufgefangen über dem harten Richtspruch der andern, aufgefangen über dem Abgrund der Verzweiflung und des Todes. Zuletzt aber hat er selbst auf diesen Gott gesetzt, als sie ihn am Kreuz hingerichtet haben. Niemand sonst konnte ihn dort noch halten.

Ich bin sicher, Markus, Katrin und andere haben mit dieser Geschichte etwas zu tun, leben sie da und dort weiter.

Sie entsprechen in ihrer Zeit und mit ihren Möglichkeiten dem einzigartigen Gott. In seiner Nähe haben Menschen erfahren: Er kann da sein, wo sonst nichts mehr ist. Er kann halten, wo sonst niemand mehr hält.

Bestimmt ist er auch dort, wo ein Mensch über einen anderen sagen kann: »Mit dem würd' ich aufs Hochseil gehn.«

Sternstunde

Unterm Sternenhimmel

Zufällig begegneten wir uns in dieser ganz frühen Morgenstunde. – Am Ortsrand auf dem Feldweg trafen wir uns und gingen ein Stück hinaus. Es war noch dunkel, und einige Sterne leuchteten vom Himmel herab. Auf den Feldern glitzerte schwach der Rauhreif.

»Eine unruhige Zeit«, sagte er, »wer kann da schon schlafen. Ich habe erlebt, was Krieg bedeutet. Seit ich weiß, daß sie wieder Krieg führen, kann ich nicht mehr schlafen.« Seit 2 Tagen ist der Golfkrieg ausgebrochen.

Schweigend gehen wir eine Weile nebeneinander her, hören unsere Schritte und seinen Stock, wenn er auf den Boden aufsetzt. Dann bleiben wir stehen, blicken hinauf in den Himmel.

»Man sieht noch die Sterne«, sage ich, »aber heute nacht waren es noch viel mehr. Sie leuchteten so hell, als wollten sie uns trösten – der ganze Himmel voller Sterne, und sie schienen so hell, wie nur selten im Jahr.« – »Früher«, sagt er plötzlich, »früher, im Krieg, wie oft hab ich da nachts in den Himmel geschaut und überlegt, welches Sternenbild mir die Richtung nach Hause zeigen würde. Nichts wünschte ich mir mehr, als daheim zu sein und im Frieden zu leben mit meiner Familie und meinen Freunden. Aber jetzt …

Die Welt hat so schreckliche Zerstörungsmittel, so

furchtbare Möglichkeiten – jetzt möcht' ich am liebsten von der Erde wegfliegen, geradewegs zu so einem strahlenden Stern in den Himmel hinauf. Dort scheint mir Ruhe und Frieden zu sein und keine Gefahr. Sehen Sie nur, wie ruhig die Sterne dort stehen und einfach leuchten.«

Ja, ich verstehe ihn sehr gut. Weg aus der Gefahr, aber keinen Ort mehr wissen auf dieser Erde, wo uns wirklich kein Krieg erreichen kann – das geht gar nicht mehr. Also abheben, hinauffliegen zu einem Stern, einem schönen friedlichen Stern. Dann aber sage ich: »Ich glaube, es ist kalt dort und ohne Leben.« Er nickt. »Ja«, sagt er, »nur von unten leuchten die Sterne schön. Wenn man dort ist, ist alles kalt – oder so heiß, daß kein Leben möglich ist. Die Sterne sind nur von unten schön, wenn man sie von der Erde aus bestaunen kann. Unter ihrem Zelt fühlt man sich wundersam und geborgen. Dieser Sternenhimmel ist faszinierend.«

Jetzt schweigt der alte Mann. Ich höre seinen Worten nach. ›Dort oben scheint mir Ruhe und Frieden zu sein‹: so hatte er gesagt. Aber wir beide wissen: Uns bleibt nur dieser eine Stern, auf dem wir stehen, dieser eine Stern, der Erde heißt. Frieden können wir nur hier erfahren, hier, auf dieser Erde, wo unsere Füße den Boden berühren. Menschen entscheiden hier direkt und indirekt durch ihr Denken und Tun zwischen Segen und Fluch.

Dabei bleibt es allemal ein Wunder, daß wir hier auf dieser Erde herumlaufen können; so manchen Tag unter blauem Himmel und in strahlender Sonne, so manche Nacht unter einem leuchtenden Sternenhimmel. Dieses Leben ist ein einmaliges Geschenk, unvergleichlich in seiner Art. Das merken auch wir jetzt wieder, wir kleinen Menschen hier auf unserem Feldweg am frühen Morgen.

Wir stehen da und wissen, weiter südlich ist Krieg,

Gefahr für alles Leben. Gleichzeitig erleben wir jetzt, wie das Licht heraufkommt, wie es immer heller wird am Horizont und wieder Farben entstehen läßt. Zarte Gelb- und Blautöne verdrängen langsam das Grau. Da stehen wir und erleben, wie einzigartig dieses Leben ist, wie wunderbar und klar ein neuer Morgen.

Wie von selbst kommen mir die alten Worte des Psalmbeters in den Sinn. Seine Worte werden unsere Worte:

> »Wenn ich den Himmel sehe, das Werk deiner Hände, den Mond und die Sterne, die du bereitet hast – was ist der Mensch, daß du so an ihn denkst und des Menschen Kind, daß du dich seiner annimmst ...«
> (Psalm 8,4).

Was sind wir gegenüber dem unergründlichen Kosmos, den Gestirnen und ihrem Licht? Was sind wir und wer sind wir, daß wir auch nur einem Menschen dieser Erde vorenthalten, auch diese Erfahrung zu machen, die wir in dieser Morgenstunde machten?

Jeder Mensch dieser Erde lebt von geschenktem Leben.

Wer sind wir, daß wir auch nur einem das Wunder zerstören dürfen, auf dieser Erde und unter diesem Himmel zu leben?

Erdbeeren – oder: umsonst ist auch das Leben

Eigentlich wollte ich nur auf dem kürzesten Weg zum Briefkasten gehen. Der führt quer über den Marktplatz. An diesem Morgen ist dort viel Bewegung. Aber dann muß ich plötzlich stehenbleiben. Ein kleiner Junge interessiert mich. Vor einem Obststand geht er unruhig auf und ab. Seine Augen hängen an den Früchten. Jetzt hat der Verkäufer ihn auch bemerkt. »Was willst du?«, spricht er ihn etwas unwillig an. Der Junge sieht zu ihm hinauf. »Von deinen Erdbeeren«, ist die kurze Antwort. »Wieviele? Ein Körbchen voll? Hast du überhaupt Geld?« Mißtrauisch sieht er den Kleinen an. Der schüttelt den Kopf. »Gibst du mir auch welche ohne Geld – umsonst?«

»Ach ja, so einer bist du. Das habe ich mir beinah gedacht. Umsonst will der Herr die Ware. Sehe ich so aus, als ob ich was zu verschenken habe? Umsonst, ... umsonst ist der Tod. Mach nur, daß du fortkommst!«

Erschrocken läuft der Kleine die Straße hinauf. »Warte doch!« rufe ich, aber er ist schon in einer Seitenstraße verschwunden.

»Umsonst ist der Tod«, hatte der Obsthändler gesagt. Und so unrecht hat er ja nicht. Alles hier bei uns hat seinen Preis, hier auf diesem kleinen Marktplatz, aber auch auf den vielen kleinen und großen Marktplätzen dieser Welt. Wer den Preis bezahlen kann, der steht gut da und wird respektiert.

Sogar Menschen haben oft ihren Preis. Für bestimmte Summen verkaufen sie die Treue zu sich selbst und anderen …

Wer kein Geld hat, wer nicht mittun kann im großen Geschäft, fällt ganz schnell heraus, wird an den Rand gedrängt, kommt sich vor wie ein Niemand und wird auch oft so behandelt.

»Umsonst ist der Tod«; dieser Satz will mir nicht mehr aus dem Kopf gehen an diesem Morgen. Aber irgendwann drängt sich ein anderer Satz immer deutlicher daneben: Umsonst ist auch das Leben!

Das haben Menschen doch erfahren, solange die Erde steht.

Alles Geld der Welt reicht doch zuletzt nicht aus, damit sie wirklich lebensfroh und erfüllt werden. Bis heute kann es sich niemand kaufen, gute Freunde zu haben, die auch dann noch da sind, wenn einem das Leben hart mitspielt. Keiner wird es je mit Geld erkaufen können, daß ein anderer ihn liebt. Wie viele hätten schon gerne ihr ganzes Vermögen weggegeben, um wieder gesund zu werden. Manches bleibt einfach unbezahlbar auf dieser Welt – auch, daß nachts die Sterne manchmal leuchten und morgens die Sonne wieder aufgeht. Das Wesentliche zum Leben können wir nicht kaufen, das gibt es für uns umsonst.

Aber das vergessen wir schnell. Jeden Tag haben wir viel zu tun mit den Dingen, die man mit Geld bezahlt. Rund um die Uhr sind wir so beschäftigt damit und merken kaum noch, was uns wirklich am Leben hält. Ein unbekannter Prophet schrieb schon vor langer Zeit:

> »Warum zählt ihr Geld hin für das, was kein Brot ist und sauren Verdienst für das, was nicht satt macht? Kommt und kauft ohne Geld und umsonst, was euch wirklich gut tut, was euch froh und lebendig macht« (Jesaja 55,1+2).

Dasselbe könnte er heute morgen sagen an ganz vielen Orten dieser Welt. In unzähligen Gesichtern würde er es lesen können: Sie haben mehr, als sie brauchen, aber richtig satt sind sie nicht. Je mehr sie sammeln und in sich hineinstecken, je mehr scheinen sie innerlich hungrig zu werden ...

Ich muß wieder an den kleinen Jungen denken, der so gerne Erdbeeren mag. Ihm werden noch viele Menschen begegnen in seinem Leben. Wie viele werden ihm wieder zeigen: alles hat seinen Preis; umsonst ist der Tod? – Ich wünsche ihm aber, daß es Menschen gibt, die für ihn da sind, auch wenn das keinen Lohn verspricht. Daß er Menschen liebhaben kann und von anderen geliebt wird, das wünsche ich ihm – und, daß er sich noch freuen kann, wenn morgens die Sonne aufgeht, obwohl das keiner bestellt und bezahlt hat.

So wird er erfahren: umsonst ist auch das Leben.

Das ist wie Weihnachten

»Das ist ja wie Weihnachten!«, hat ein Bekannter vor Monaten gesagt. Es war mitten im Sommer.

»Das ist ja wie Weihnachten!«, hat er gesagt, und ich habe sofort gedacht: warum nimmt er dieses Wort? Mit Weihnachten hat er doch gar nichts im Sinn. Bei ihm findet man keine Sterne am Fenster, kein Weihnachtsgebäck, keinen Tannenbaum zum Fest. Seine Engelspyramide hat er vor Jahren schon auf einem Flohmarkt verkauft. »Weihnachten gibt es nicht mehr«, hatte er damals gesagt, und das war mir nur recht. Der aufdringliche Geschäftsrummel, Spekulatius ab September schon ... – all das hatte auch für mich nichts mit Weihnachten zu tun.

»Weihnachten gibt es nicht mehr«, hatte mein Bekannter gesagt und konsequent gehandelt. In seinem Haushalt findet man schon Jahre nichts mehr, was mit der Weihnachtszeit zu tun hat. Aber in seinem Kopf hat er wohl aus irgendeinem Grund nicht so radikal aufräumen können. Das Wort WEIHNACHTEN, das gibt es dort noch, und es trägt offensichtlich auch eine Bedeutung. Sonst hätte er ja irgendein anderes Wort sagen können vor einigen Monaten, mitten im Sommer. Er hätte sagen können: Das ist ja wie ein Lottogewinn. Aber ich habe es genau gehört. Er hat gesagt: »Das ist ja wie Weihnachten!«. Und dafür hatte er gute Gründe.

Wochen vorher hatten sich bei ihm Anzeichen einer schweren Krankheit gezeigt. Dann kamen die vielen Untersuchungen, die Stunden in Labor und Wartezimmer. Sein ganzes Leben geriet aus der Spur. Er hat es plötzlich vor sich gesehen, daß sich alles verändern würde. Was er beruflich machte, wäre schon bald unmöglich für ihn. Er, der immer alles allein konnte, würde auf viel Hilfe angewiesen sein. Bald würde nichts mehr so sein wie vorher. Aber dann kam plötzlich die unsagbar frohe Botschaft; es hatte sich herausgestellt, daß alles falscher Alarm war. In Wirklichkeit hatte er eine vergleichsweise harmlose Erkrankung, leicht zu heilen, nur anfangs war sie kaum zu unterscheiden von jener anderen.

Nicht zu beschreiben, wie glücklich er jetzt war, wie er übersprudelte vor Freude und Erleichterung. Das war wirklich wie Weihnachten! Er hatte völlig Recht. Hier und jetzt, mitten im Sommer hatte er etwas erlebt, was für ihn wie Weihnachten war. Mitten hinein in seine große Angst und Not war plötzlich eine unbeschreiblich frohe Botschaft gekommen. Die Rettung war da, das Leben wie wiedergewonnen. Das war so geschehen, und er hat darauf reagiert. Seine frohe Botschaft hat er begeistert weitererzählt und mit guten Freunden ein wunderbares Fest gefeiert. Ich weiß nicht, ob ich jemals bei einem schöneren Fest war. Seine Botschaft hat viele andere froh gemacht.

Heute denke ich, er weiß noch viel von Weihnachten, mehr vielleicht, als er selbst geglaubt hatte. Schrille Glitzerwelt und Spekulatius ab September, das kann ja nicht der Kern von Weihnachten sein. Manchmal haben wir von einer wichtigen Sache kaum mehr etwas, obwohl wir sie äußerlich groß aufbauschen. Manchmal haben wir nur noch das WORT. Und vielleicht kommen uns dazu ein paar alte Erfahrungen in den Sinn in bestimmten Augenblicken. In diesen Momenten erzählen sie uns wieder davon, was das Wort einmal gemeint hat.

WEIHNACHTEN – Christ, der Retter ist da! Eigentlich die unglaubliche Botschaft, daß von Gott her Rettung kommt für alles, was verloren scheint. Weihnachten, die unfaßliche Nachricht – auch für die, die nicht gesund werden können, für alle, auch für die, die denken: Weihnachten gibt es nicht mehr.

In manchen Augenblicken wird es plötzlich wieder klar, was dieses Wort eigentlich meint.

Damals habe ich jenem Bekannten einen gelben, leuchtenden Stern geschenkt zu seinem Fest, mitten im Sommer. Er hat ihn an sein Fenster gehängt, und dort hängt er noch immer, auch jetzt, im Winter, ... so kurz vor Weihnachten.

Ins Nichts gefallen

Abenteuer im Weltraum – wie faszinierend sie doch immer wieder sind, besonders für Kinder.

So geht es auch der siebenjährigen Tina und ihrem älteren Bruder Klaus. Gespannt sitzen die beiden auf dem Boden vor dem Fernseher, verfolgen, wie ein Astronaut aus dem Raumschiff klettert. Er muß an der Außenwand etwas reparieren. Mit einem Seil abgesichert schwebt er durch die Luke. Aber da rutscht er plötzlich ab, und zu allem Unglück löst sich das Seil. Kopfüber fällt er in diese endlose Leere des Alls. Das Raumschiff fliegt ohne ihn weiter. Er aber schwebt und fällt ins Nichts. Tina rückt fest an ihren Bruder heran. Ihre Schulter drückt sie fest an seine. Er läßt es zu, ganz gegen seine Gewohnheit. »Mit dem ist es aus«, sagt er, aber Tina will die Hoffnung nicht aufgeben. »Vielleicht fällt er ja auf irgendeinen Stern«, sagt sie zögernd. »Unmöglich«, sagt Klaus. »Die Sterne sind nicht so nah zusammen. Das sieht nur so aus von hier unten. In Wirklichkeit sind sie ganz weit voneinander entfernt. Ich sag dir, mit dem ist es aus.«

»Ob nicht doch irgendwas unter ihm ist, wo er wieder aufkommt...«, höre ich Tina fragen. »Nein!«, ruft Klaus und drückt seine Schulter fest gegen die seiner Schwester. »Das hab' ich dir doch gerade erklärt!« Tina hält mit ihrer Schulter dagegen und sagt: »Ich will aber, daß er gerettet wird!« Klaus antwortet nicht, aber ich sehe, wie beide angestrengt ihre Schultern aneinanderdrücken, so als würden sie damit den Disput weiter austragen. – Dann kommt die erlösende Szene. Das Raumschiff kehrt zurück. Der Astronaut kann tatsächlich gerettet werden. Tina und Klaus atmen auf. Der Schulterdruck löst sich. »Siehst du«, sagt Tina, »es hat geklappt«. »Ja, ja«, brummt Klaus, »aber nicht, wie du gedacht hast«. »Ist doch egal«, antwortet Tina und springt auf. »Hauptsache gerettet!« – Die beiden fangen an, im Zimmer herumzutanzen.

Mir scheint, sie springen die Freude des Astronauten heraus, diese Freude, nach so großer Gefahr wieder Boden unter den Füßen zu haben. Die beiden erinnern mich daran, daß Menschen doch ständig darüber streiten, wie diese Welt noch zu retten sei. So viele Gefahren, Probleme und Aufgaben; so unterschiedliche Meinungen und Interessen. Wie schlimm aber, wenn nicht ehrlich gestritten wird, wenn Menschen sich nicht *wirklich* betreffen lassen von der Situation anderer. Tina und Klaus waren innerlich ganz und gar in die Angst und Verzweiflung des Astronauten hineingegangen, waren mit ihm in das tödliche Nichts gefallen. Aber wie sehr können sich Menschen auch außen vor halten …

Da gibt es hintergründige Interessen, die nicht offen verhandelt werden; viele Worte drum herum, Berge von Reden, um zu verschleiern. Will man sich darauf stützen, bricht man ein, fällt ins Nichts …

Dann kann es wie eine Rettung sein, wenn jemand sich wirklich betreffen läßt, sagt, was in ihm vorgeht, auch wenn das nur ein Ansatz ist, ein Stückchen gedachter Weg. Daran kann ich wieder ankoppeln, mit meinen Gedanken weiterführen oder dagegensetzen. Das macht wieder Sinn, auch, wenn ich noch keine letzte Lösung habe, ja vielleicht nur einen großen Wunsch; wenn ich vielleicht nur, wie Tina, sagen kann: ich will aber, daß Rettung geschieht.

Da, wo wir ehrlich miteinander ringen, wie Tina und Klaus, da kann plötzlich aus unserem Widerstand gleichzeitig Halt werden. Die beiden haben sich ja aneinander gerieben und sind gleichzeitig immer fester aneinandergerückt. Mitten im ehrlichen Widerstand ist schon wieder Halt für uns! Wo nur schön geredet wird, fällt man letztlich doch immer ins Nichts. Darum wünschte ich, wir würden ehrlich miteinander arbeiten und auch streiten, wenn das dran ist. Dann könnten wir uns auch so ehrlich miteinander freuen, wenn etwas gelingt, vielleicht miteinander tanzen vor Freude – wie Tina und Klaus: egal, wie die Lösung gekommen ist und wer sie herbeigeführt hat, Hauptsache gerettet!

Der Pfeilstern

»Da soll doch ein Stern wie ein Pfeil auf unsere Erde zurasen – mit 400 Stundenkilometern.«

So schreibt jemand im Leserbrief einer Zeitschrift. Der Mann ist in Sorge. Er findet keine Ruhe mehr, ist einfach nicht mehr bei der Sache, ganz gleich, was er tut. Seinen Garten hat er nicht mehr bestellt in diesem Frühjahr. »Alle Arbeit kommt mir sinnlos vor«, schreibt er den Fachleuten der Rubrik. »Und wenn jemand mit mir redet, kann ich nicht mehr richtig zuhören. Immer muß ich an diesen Stern denken, der in riesigem Tempo daherkommt, direkt auf uns zu. Warum schweigen alle? Kann denn keiner etwas dagegen tun? Ich will die Wahrheit wissen! Lohnt es sich überhaupt noch, etwas zu planen?«

Ein Experte beruhigt den Mann. »Ja, diesen Stern gibt es schon«, schreibt er zurück, »aber der ist ja noch *so weit* von uns entfernt, noch sechs Lichtjahre weiter weg als unsere Sonne«. Und die Sonne selbst, das wisse man ja, die wäre doch da irgendwo am Rande der Milchstraße, ganz weit draußen. – Zuletzt bringt er die Sache in einen Vergleich. Er verkleinert alles zu einem überschaubaren Bild (1 × 100 Milliarden). Dann ist die Sonne nur noch so groß wie eine Kirsche, und die Erde ist nur noch ein Staubkorn. Das fliegt nun in 1½ Meter Abstand um die Kirsche herum. Dieser Stern aber, der wie ein Pfeil auf die Erde zurast, der ist wie eine Erbse geworden, die 400 Kilometer vom Staubkorn Erde entfernt ist. In einem Jahr kriecht sie dann etwa 4 Millimeter in unsere Richtung.

Ein schöner Vergleich. Jetzt ist die Sache klar. Der Schreiber des Leserbriefes kann aufatmen. Er muß sich nicht länger fürchten vor diesem Stern. In seiner ganzen Lebenszeit wird der nicht mit der Erde zusammenstoßen, und auch danach noch lange, lange nicht. Er kann beruhigt seinen Garten bestellen, kann andern wieder richtig zuhören, wieder ganz bei der Sache sein bei allem was er tut.

Wer ihn belächelt wegen seiner Frage im Leserbrief, der tut ihm sicher Unrecht. Verlieren wir Menschen nicht oft den Blick für unsere wirklichen Verhältnisse, für die Bedingungen, unter denen wir leben? Manche bauen ihre Häuser so groß und mächtig, als würden sie Jahrhunderte leben. Menschen beuten die Erde so maßlos aus, als gäbe es noch zehn weitere Erden auf Vorrat. Wie wichtig ist es da, daß andere wieder ins rechte Maß bringen, was sich verschoben hat; daß sie benennen, was tatsächlich für uns gilt; daß sie sagen: wir leben doch nur einige Jahrzehnte – wenn's gut geht ...; und wir haben nur diese *eine* Erde.

Den Blick verlieren für die wirklichen Verhältnisse ..., mir selbst passiert das manchmal noch auf andere Art. Vor Tagen erst war es wieder so weit, als die Kollegin angerufen hat. Wir sind von einem Problem ins andere gekommen, haben nach und nach aufgetürmt, was alles schlimm, bedrückend, ausweglos erscheint, was noch alles erkämpft und verändert werden muß. Völlig niedergeschlagen war ich nach diesem Gespräch. Was da auf mich zukam, war zwar kein Pfeilstern, aber mindestens genauso bedrohlich und lähmend. Unmöglich, das alles jemals zu schaffen. Sieben Leben müßte man haben, und wer weiß, ob die reichen würden, denn eigentlich müßte ja die Welt nachhaltig verbessert werden, Kirche erneuert, so viel Leben geheilt ... – aber mit so wenig Zeit und Kraft und Möglichkeiten, mit diesem *einen* Leben?

Hat es überhaupt einen Sinn, weiterzumachen? Ist nicht am Ende alles vergeblich? – In diesem Moment habe ich auch jemanden gebraucht, der benennt, was *tatsächlich* für mich gilt.

Dann konnte ich wieder die Worte hören, die Jesus einmal gesagt hat. Ich konnte sie neu hören, sozusagen als Gottes Antwort an mich – die Antwort des größten Experten für Zeit und Kraft und Leben. Ich konnte aufatmen und mir sagen: Wer bin ich, daß ich es fertigbringen könnte, meinem Leben auch nur ein Stückchen zuzusetzen? Ich will mich nicht sorgen um den anderen Morgen, denn der morgige Tag wird für das Seine sorgen (nach Matthäus 6,27+34). Gott will ich zutrauen, daß *er* der ist, der erneuern und Leben erlösen kann. Seine Möglichkeiten sind andere als meine in meiner begrenzten Zeit. Ich will bei meiner Zeit bleiben, jeden Tag neu ansehen. Es ist genug, daß jeder meiner Tage seine eigene Plage hat, sein Leichtes und sein Schweres. Ich will sein, was ich sein kann – jeden Tag neu. Gott wird sein, der er ist. Darauf verlasse ich mich. So kann es gut werden durch ihn und mich.

Kleiner weißer Clown

Schon einige Tage hatte er sich vorgenommen, nach Dienstschluß noch über den Weihnachtsmarkt zu gehen. Aber jetzt, wo er so zwischen den bunten Ständen herumläuft, merkt er, daß er sich gar nicht richtig darauf einstellen kann. Die Konferenz hatte sich endlos dahingezogen. Sein Kopf war noch so voll von den vielen Worten, die dort aufgetürmt worden waren. Einige hatten lange Reden geführt, aber im Grunde nichts gesagt, nichts, was irgendwie weitergebracht hätte.

So viele Worte, aber nur ganz wenige davon waren wirklich wichtig. Aber so schnell wird man diese sinnlosen Wortberge nicht los. In Gedanken versunken ist er jetzt stehengeblieben, – zufällig an einem Stand voller Holzfiguren, – kleine und große, Engel und Nikoläuse, Krippenfiguren und Tiere. Er sieht sie und sieht doch darüber hinweg. Aber plötzlich bleibt sein Blick auf einer einzelnen Figur hängen. Eigentlich paßt sie gar nicht in das Weihnachtssortiment. Es ist ein kleiner weißer Clown. Dieser Clown erregt mit einem Schlag sein ganzes Interesse.

»Seltsam, mitten in dieser Weihnachtswelt ein kleiner weißer Clown.« Er erinnert sich, daß er vor Jahren als Junge einmal einen echten weißen Clown erlebt hatte. Andere Kinder mochten vielleicht die Kunststücke der

Elefanten und Tiger am meisten bewundert haben. Aber ihn hatte nichts so sehr fasziniert, wie eben dieser Clown. Vorher war es laut gewesen in der Manege, und die Zuschauer hatten im Takt der Musik geklatscht. Als aber der Clown auftrat, wurde es nach und nach leise. Zuletzt hätte man jedes kleine Geräusch deutlich hören können. Das war auch ganz wichtig, denn der Clown sagte kein einziges Wort. Er stand nur da und sah sich langsam um. Er hatte nichts mitgebracht, weder Schirm noch Koffer oder Stuhl. Ganz allein stand er da mit seinem weißen Anzug und seinem weißen Hut mit schwarzen Punkten drauf. »Ein langweiliger Clown«, hatte er zuerst gedacht. Aber das war gar nicht so. Plötzlich bewegte sich etwas in seinem Gesicht. Er wußte noch genau, wie erschrocken er war, als er plötzlich merkte, daß der Clown anfing zu weinen. Er weinte echte Tränen. Sie liefen ihm über das bemalte Gesicht und hinterließen dort ihre Spuren. So leise weinte dieser Clown, und doch war es ihm damals sehr zu Herzen gegangen. Ja, er hatte den Eindruck, die ganzen Traurigkeiten der Welt würden mit diesen Tränen beweint werden. Seine eigenen Tränen, die er in seinem Kinderleben schon geweint hatte, schienen ihm in diesen Tränen mit dabei zu sein.

Irgendwann holte der Clown ein großes weißes Taschentuch hervor und schneuzte sich kräftig hinein. Ein Aufatmen ging durch die Reihen. Eine kleine rote Papierblume war mit herausgefallen. Er hob sie auf und roch daran. Seine Augen begannen zu leuchten. Er mußte sich sehr über diese Blume freuen. Leichtfüßig lief er hin und her, dahin und dorthin, – ließ einige an der Blume riechen. Es war, als hätte er alles Glück dieser Welt gefunden. Kein einziges Wort hatte dieser Clown gesprochen damals – und hatte doch so viel gesagt, mehr als tausend Worte hätten sagen können.

Die kleine Holzfigur dort am Stand, die so gar nicht ins Sortiment zu passen schien, die hat ihn an alles wieder erinnert. Jetzt merkt er auch, daß der ganze Ballast von Worten verschwunden war, der ihn vor wenigen Augenblicken noch so sehr beschäftigt hatte. Deshalb hat er diesen kleinen Clown gekauft. Ich denke, der hat ihm gerade in dieser Adventszeit mehr gesagt als jede andere der Holzfiguren.

Ja, ich wünschte uns allen so einen kleinen weißen Clown, – besonders im Advent. Das ist einmal die Zeit der Stille gewesen – eine Zeit, in der Menschen sich innerlich vorbereiten auf den kommenden Gott. Fastenzeit war im Advent. Menschen haben darin vieles zurückgenommen, nicht nur das Essen, auch die Worte. So ein kleiner weißer Clown, der könnte uns daran doch wieder erinnern – ohne ein einziges Wort. Mit den Traurigen würde er weinen und mit den Glücklichen lachen. Und gerade dort würde uns Gott sehr nahe kommen.

Das Licht ist noch da

»… Und immer immer wieder geht die Sonne auf, denn Dunkelheit für immer gibt es nicht …«, so klingt es frühmorgens aus dem Autoradio. Die Verkehrsdurchsage ist längst vorüber. Ich schalte das Gerät ab. Draußen ist es noch ganz dunkel. Scheinwerfer entgegenkommender Autos blenden. Die Uhr sagt mir: es ist Morgen. Aber meine Augen sehen: es ist noch Nacht. Ich warte auf die Dämmerung. So dunkel es auch ist, ich weiß genau, in wenigen Augenblicken wird es heller, kommt das Licht.

Wir leben auf diesem Erdball davon, daß es immer wieder hell wird, daß immer wieder das Licht kommt. Besonders am Anfang eines Jahres achten viele darauf. Nun wird es jeden Morgen ein bißchen früher hell. Das ist irgendwie erleichternd.

Eigentlich ist das Licht ja immer da, nur ganz unterschiedlich stark. Manchmal scheint es uns so hell, dann wieder können wir es nur ahnen hinter dunklen Wolken oder im blassen Schein des Mondes.

Und immer wieder geht uns die Sonne auf, »denn Dunkelheit für immer gibt es nicht …« … gibt es nicht? – Gibt es doch! Ich will diesen Gedanken nicht abwehren. Dunkelheit für immer gibt es doch. An vielen Orten und in vielen Menschen dieser Erde scheint es für immer dunkel geworden zu sein. Das sind Orte, an denen Menschen auch den letzten Rest ihrer Menschlichkeit verloren haben, wo nur noch blankes Entsetzen herrscht oder monotone Verzweiflung. Menschen lassen es dunkel werden in ganzen Landstrichen für alles Leben darin, lassen es dunkel werden in einzelnen Menschen, zertreten ihnen das letzte Stückchen Glaube an menschliche Würde. Jeden Tag gibt es Menschen unter uns, für die die Sonne eben nicht mehr aufgeht – auf mancherlei Weise, ob sie nun sterben oder etwas in ihnen für immer stirbt.

Und doch fängt jeder Tag beharrlich wieder damit an, daß es draußen heller wird, daß das Licht kommt. Das ist so seit Menschengedenken bis heute. Es bleibt nicht dunkel, auch an diesem Morgen nicht, dort auf der Straße. Jetzt ist schon der Horizont zu sehen. Die Konturen der Landschaft tauchen langsam auf; ... jeden Tag neu dieses Zeichen, diese Erfahrung: es wird wieder hell. Trotz aller Dunkelheit auf der Erde – über allem Grauen und Tod wird es jeden Morgen wieder licht, ... als würde jemand ein unsagbar geduldiges Zeichen geben, als wollte jemand sagen: Das Licht ist immer da!

Genau diesen Satz habe ich einmal von einem Menschen gelesen, der durch einen Unglücksfall als Kind erblindet war. Zunächst ist alles dunkel um ihn. Das Licht scheint für immer verloren. Nach kurzer Zeit aber macht er eine überraschende Entdeckung: Das Licht ist noch da! Er sieht es, nimmt es in sich wahr, obwohl er blind ist. Er merkt, wie es heraufsteigt in der Begegnung mit Menschen, die ihm ehrlich nahe sind – wie es auch zurückweichen kann bei Angst oder Mißtrauen. »Die Sehenden sprechen immer von der Nacht der Blindheit«, schreibt er, »aber diese Nacht existiert nicht. Zu keiner Stunde meines Lebens (...) riß die Kontinuität des Lichts ab.« – Dieser Blinde hat vielen Sehenden etwas voraus. Es ist dieselbe Erfahrung, von der auch Menschen der Bibel erzählen, wenn sie von Gott sprechen. Bei ihm gibt es keine endlose Dunkelheit. Er selbst ist das Licht. Menschen, die sich darauf eingelassen haben, konnten erleben, wie es licht wurde, licht für einen von Geburt an Blinden, licht in erstarrten Formen, in vielen ausweglos erscheinenden Situationen; ja selbst die Dunkelheit des Todes kann von diesem Licht aufgebrochen werden. Da und dort bestätigen sich die alten Worte des Propheten: »Es wird nicht dunkel bleiben über denen, die in Angst sind« (Jesaja 8,23).

An diesem Morgen dort auf der Straße lasse ich mich wieder neu auf das Licht ein, vertraue darauf, daß es mich erreicht. Am linken Horizont ist nun die Sonne durch dicke Wolkenbänder gebrochen. Jetzt sieht es wirklich so aus, als wäre hinter der Wolkenwand eine andere neue Welt aus Licht. Mag sein, so ein neues Morgenlicht ist uns ein Zeichen Gottes. Es könnte uns sagen: Mein Licht für euch reißt nicht ab. Es ist hinter allem. Möge das auch gerade dort deutlich werden, wo es so ganz und gar dunkel ist.

Rosen

Jeden Morgen, so gegen acht, kam der Zivildienstleistende zu dem alten Mann im vierten Stock.

Dieser Alte war einer von den schwierigen Fällen, ... mit sich und der Welt unzufrieden; ... nichts konnte man ihm recht machen. Einmal war der Verband um sein Knie nicht richtig angelegt, ein andermal störte ihn der Lärm der Kinder von der Straße herauf. Dann mußte der junge Mann schnell die Fenster schließen. Auch weigerte sich der Alte hartnäckig, mit dem Zivildienstleistenden in den nahen Park zu gehen. Alles Zureden nutzte da nichts.

Eines Morgens geschah etwas Sonderbares. Zur Begrüßung überreichte der Zivildienstleistende dem alten Mann eine frische, gelbe Rose.

Der Alte war verblüfft und wollte sie nicht annehmen.

»Was soll ich damit?«, fragte er mürrisch. »Ich bin kein junges Mädchen, und Geburtstag habe ich auch nicht.«

Der junge Mann sagte darauf nichts, stellte die Rose ins Wasser und begann mit seiner Arbeit.

Den ganzen Tag stand nun diese Rose auf dem kleinen Tisch neben dem Fenster.

Am nächsten Morgen brachte der junge Mann zur

Verwunderung des Alten wieder eine Rose mit. »Na ja, – wo sie nun schon einmal da ist«, sagte dieser, »stell sie halt neben die von gestern, die ist ohnehin schon so aufgeblüht.«

Das was alles, was er an diesem Morgen sagte. Wortlos tat der junge Mann seine Arbeit. Nur eins war sonderbar: an diesem Morgen schien der Alte nichts zu bemängeln. Jedenfalls sagte er nichts.

Tag für Tag brachte der Junge dem Alten nun eine Rose. Es wurde ein wortloses Morgenritual besonderer Art.

Mehr als zwei Wochen waren vergangen. Plötzlich begann der alte Mann ganz unvermittelt zu erzählen. Es war gerade beim Anlegen des Verbandes. Sonst paßte er dabei immer besonders auf und war sehr empfindlich. Diesmal aber schien er gar nicht darauf zu achten. Er erzählte von einem großen, alten Garten, in dem besondere Rosensorten gepflanzt waren. Er erzählte von seinen Kindertagen im Garten seiner Eltern.

Schon früh hatte er die unterschiedlichen Namen der Rosen gekannt und gelernt, wie man sie pflegen mußte.

Später, nach Kriegsende, züchtete er mit seiner Frau wieder einige Rosensorten, aber nicht mehr so viele, wie damals ... Der alte Mann muß dem Pfleger noch viel erzählt haben, von dem ich gar nichts weiß.

Man soll sie dann zuweilen auch unten im nahen Park getroffen haben. Dort hat der Alte dem Jungen wohl die unterschiedlichen Rosenarten gezeigt.

Manchmal, morgens, noch bevor der Tag richtig begonnen hat, denke ich an diese beiden – und an die Rosen, die der Junge dem Alten täglich brachte.

So einen Morgen – ganz gleich, wo ich bin und welche Zeit für mich gerade dran ist –, so einen Morgen, den bekommen ich doch geschenkt, wie eine Rose, die mir unvermutet einer in die Hand legt. Ganz gleich, welche Farbe und welchen Duft sie hat – ganz gleich, ob die Rose kleine oder starke Dornen trägt ... so einen Morgen, den bekomme ich doch geschenkt ...

Ohne Zahl, sovielmal

Das schönste Fach hieß *Singen* – damals, im ersten Schuljahr. Die ganze Woche über mußten wir brav in den Bänken sitzen, Reihe um Reihe in der einklassigen Dorfschule. Am Samstag aber, in der letzten Stunde, da ist es auf einmal lebendig geworden. Jeder wollte so schnell wie möglich mit seinem Stuhl am Klavier sein. Das stand ganz hinten an der Wand, gerade neben der Landkarte. Aus unserem Liederbuch haben wir dann gesungen. Und die, die noch nicht lesen konnten, haben die Lieder durchs Hören gelernt. Da saßen ja vier Schuljahre zusammen. Die Lehrerin führte ein strenges Regiment. Niemand hat sich getraut, irgendwie über die Stränge zu schlagen. Bei *einem* Lied aber war das anders. Wenn der Kehrvers dran war, dann haben wir viel lauter gesungen als sonst, waren richtig ausgelassen. Wie eine stille Vereinbarung war das, und von der Lehrerin kam ausnahmsweise kein strenger Blick, kein hartes Wort.

»Himmelsau, licht und blau,« sangen wir, und: *»wieviel zählst du, Sternlein?«* Die Verse waren immer Fragen. Der Kehrvers hat immer wieder geantwortet: *»Ohne Zahl, sovielmal sei gelobet der ewige Gott!«*

Lauter Dinge wurden genannt, die es unzählige Male gibt auf dieser Welt: Staubkörnchen, Grashalme und Wassertropfen; wieviel gibt es? Wieviel zählen sie? –

Die Antwort haben wir froh herausgesungen, lachend und ausgelassen: »*Ohne Zahl, sovielmal sei gelobet der ewige Gott!*« Wir hopsten auf unseren Stühlen herum – Arme, Hände, alles hat mitgesungen: »*Ohne Zahl, sovielmal ...*«

Warum waren wir auf einmal so mutig und haben aufgedreht, obwohl das normalerweise gefährlich war? Wir hatten plötzlich kaum mehr Angst vor der Lehrerin, ihrem strengen Blick, ihrer Strafe. Wir haben uns richtig stark gefühlt mit den vielen Sternen, den unzähligen Grashalmen und Wassertropfen dieser Welt. Wir fanden das ganz einfach großartig, daß es all das gab – in unvorstellbaren Mengen – und wir mitten drin. Ganz selbstverständlich war es für uns, daß diese unzähligen Sterne, Halme und Tropfen mit Gott zu tun hatten. Gott, der war irgendwie ähnlich unfaßlich wie die Sternenzahl oder die Zahl aller Wassertropfen – und man konnte mindestens genauso froh über *ihn* sein, wie über Sterne und Wasser.

Er war es ja, der dies alles über uns ausgeschüttet hatte. Er mußte uns sehr mögen. Das war klar. Wer liebhat, der zählt nicht ab, der verschenkt, ohne kleinlich zu rechnen. Wir hatten einen unsagbar starken, liebevollen Verbündeten. Da sollte doch gerade kommen, was wollte. Der war für uns. Gegen den konnte auch die strenge Lehrerin nichts ausrichten.

So ein kindliches Gottvertrauen, das belächeln wir schnell als Erwachsene. Wir bemühen uns, alles zu erfassen und einzuordnen. Auch das Unfaßliche wollen wir fassen, das Unzählbare zählen. Wissenschaftler schätzen die Anzahl der Sonnen allein auf der Milchstraße auf über 200 Milliarden. – Riesige Zahlenbegriffe vermitteln so leicht die Illusion, wir hätten das alles im Griff, wir stünden außerhalb und würden es beherrschen. Dinge, die wir zählen, sind uns normalerweise verfügbar. Im Alltag kann das in vielen Bereichen auch gut und hilfreich sein. Aber da gibt es Grenzen. Wenn ich die verwische, mache ich mir vor, etwas zu sein, was ich nun einmal nicht bin. Keiner von uns wird jemals den Sternen befehlen, wann sie zu leuchten haben und wann sie wo zu sehen sind. – Als Mensch gehöre ich doch *mitten hinein* in das Gras und den Erdenstaub, zum Wasser gehöre ich und unter den Sternenhimmel. *Mitten drin* kann ich wieder staunen, womit wir liebevoll umgeben, ja überschüttet sind. Dieser unfaßliche Gott hat nicht kleinlich gerechnet, um den Lebensraum für Menschen zu gestalten. Mitten drin kann er so nahe kommen wie damals in der Singstunde. *So* läßt er sich erahnen, dieser Gott, der sich mit uns Menschen verbündet hat. Seine Nähe macht mutig zum Leben, macht stark gegen alles, was mir Angst machen will.

Das ist doch wirklich ein Grund, ein frohes Lied anzustimmen, ein Loblied, irgendeins, oder: warum eigentlich nicht wieder einmal das alte Kinderlied, – das mit dem Kehrvers;

»Ohne Zahl, sovielmal sei gelobet der ewige Gott!«